高校外语教学研究

矫婷羽 著

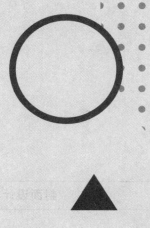

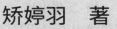

新华出版社

图书在版编目(CIP)数据

高校外语教学研究 / 矫婷羽著. —北京 :新华出
版社,2021.1
ISBN 978-7-5166-5650-1

Ⅰ. ①高… Ⅱ. ①矫… Ⅲ. ①外语教学—教学研究—
高等学校 Ⅳ. ①H09

中国版本图书馆 CIP 数据核字(2021)第 027076 号

高校外语教学研究

作　　者:矫婷羽

责任编辑:蒋小云　　　　　　　封面设计:牛淑娜

出版发行:新华出版社

地　　址:北京石景山区京原路 8 号　　　邮　　编:100040

网　　址:http://www.xinhuapub.com　　http://press.xinhuanet.com

经　　销:新华书店

购书热线:010-63077122　　　中国新闻书店购书热线:010-63072012

印　　刷:新乡市天润印务有限公司

成品尺寸:170mm×240mm

印　　张:9　　　　　　　　　字　　数:161 千字

版　　次:2021 年 1 月第一版　　　印　　次:2021 年 1 月第一次印刷

书　　号:ISBN 978-7-5166-5650-1

定　　价:38.00 元

图书如有印装问题请与印刷厂联系调换:4006597013

前　言

外语教学的目标应与当下行业需求接轨,具有外语高素质的人才应能与当下社会发展相适应,因此日常的外语教学应注重外语在实际中的应用以及是否能满足当下各个行业的需求。但由于我国传统教学的影响,当下外语教学现状呈现出令人担忧的景象(教学模式僵化,教学特色不明显等)。高校外语教学中,我们应坚持外语教学的最终目的是与当下需求一致,重视外语的基础教学,牢牢把握四个原则,即基础性、应用性、针对性与实用性。从当下高校外语教学中存在的问题出发,强调新时期的外语教学应破除传统外语教学中存在的弊端,提出新时期的外语教学模式。

以英语为例,随着社会的高速发展,各工作岗位对英语人才的要求逐渐提高。大学英语是我国高校针对非英语专业学生开设的一门公共基础必修课。总的来说,大学英语教育体系承担着培养英语人才的重任,旨在培养出既有中国情怀又有国际视野、既懂前沿技术又能跨文化交流、既善于思辨又思维开放的全方位应用型人才。同时,大学英语课程体系面对时代发展的需求,正在不断发展与改革,形成更合理、更完善的教育模式,从而满足社会发展的需求。

不可否认的是目前我国大学英语教育还存在诸多问题:教育的目标有所偏离,例如过于强调应试教育,过于重视英语基础语法知识,忽视英语应用能力;教学理论与教学实践联系不够紧密,各种教学理论不能有效应用于教学实践;教学手段不够新颖,在激发学生学习兴趣上稍显不足;教学方式稍显单调,缺乏真实的教学情境。以上这些问题制约大学英语教育的成效体现,也制约大学英语教育取得进一步发展。不断改革与创新是大学英语教育发展的必然趋势。

1

基于此，作者精心撰写了《高校外语教学研究》一书，本书共包含九章。第一章研究了我国高校外语教学发展的现状。第二章研究了我国高校英语教学面临的问题。第三章研究了高校外语教学改革的必要性。第四章对高校外语教学模式进行了探索。第五章研究了外语教学改革中的教师自身素质建设。第六章研究了教师角色改变对教学改革的作用。第七章从教育价值观角度研究高校外语教学改革。第八章对新媒体语境下高校信息化教学进行研究。第九章对信息技术与高校外语教学课程整合进行了研究。以期对大学英语教育的改革、发展略尽绵薄之力。

作者
2020 年 11 月

目 录

第一章 我国高校外语教学发展的现状

第一节 高校外语教育的发展历程 …………………………… 003

第二节 高校英语基础知识教学现状 ………………………… 005

第三节 高校英语基础技能教学现状 ………………………… 008

第二章 我国高校英语教学面临的问题

第一节 高校英语教学现状及问题 …………………………… 013

第二节 高校英语教学的影响因素 …………………………… 016

第三章 高校外语教学改革的必要性

第一节 高校外语学科发展的机遇和方向 …………………… 025

第二节 高校英语教学改革的基本维度 ……………………… 028

第三节 高校英语教学改革的必要性 ………………………… 032

第四章 高校外语教学模式探索

第一节 情感教学模式 ………………………………………… 041

第二节 分级教学模式 ………………………………………… 045

第三节 个性化教学模式 ……………………………………… 049

第五章 加强教师自身素质建设是外语教学改革的关键

第一节 高校英语教师的专业素质 …………………………… 057

第二节 高校英语教师专业素质的发展路径 ………………… 063

第六章 教师角色的转变对教学改革的作用

第一节 高校英语教师角色转变的必然性 …………………… 071

第二节 教学改革背景下高校英语教师的基本角色 ………… 073

第三节 多元文化背景下英语教师角色转变与教学改革 …… 077

第七章　从教育价值观看高校外语教学改革

第一节　教育价值观概述 ································· 083

第二节　中国外语教育政策的价值分析 ················· 088

第三节　基于教育价值观的高校外语教学改革措施 ······· 091

第八章　新媒体语境下高校信息化教学研究

第一节　新媒体的特征 ······························· 097

第二节　新媒体时代高校英语教学改革路径 ············· 102

第三节　多媒体与高校英语教学 ······················· 108

第九章　信息技术与高校外语教学课程整合

第一节　信息技术与课程整合的概念与原则 ············· 121

第二节　信息技术对外语教学的影响 ··················· 125

第三节　信息技术支持下"以教为中心"的教学策略 ······· 131

第四节　信息技术支持下"以学为中心"的教学策略 ······· 133

参考文献 ······································· 137

第 一 章

我国高校外语教学

发展的现状

在我国,外语教育教学是高等教育不可或缺的组成部分。对于广大非外语专业的本科生来说,大学外语是其必修的公共课。我国的现状是,绝大多数高校将英语作为第一外语。此外,有部分高校把大学毕业证书与"全国大学英语四、六级考试"成绩挂钩,因此作者认为大学英语的影响力已远超一门普通的大学课程,它是真切地、深远地影响着我国成千上万大学生的学习、就业和前程。

第一节 高校外语教育的发展历程

中国大学的发展是近代中国在现代化历程中学习西方的产物,外语一直是中国高校非外语专业学生的公共基础课。1954 年 4 月政务院批准《关于全国俄文教学工作的指示》,明确要求高等学校开设俄文课。其目的是通过学习俄文,在所学的业务范围内学习苏联的先进经验,以此更好地提高自己的科学知识和技术水平。然而,由于过度强调发展俄语教育,导致俄语人才大大超出了国家的实际需求。自1956 年,全国高校逐渐开设公共英语课。20 世纪 60 年代初,全国大学外语教学开始进行调整。1961 年教育部下发《关于高等学校外语课程设置问题的意见》,规定高等学校的第一外语是俄语或英语。1962 年,《英语教学大纲(试行草案)》和《俄语教学大纲(试行草案)》颁布,大纲确定的教学目标是为学生能阅读本专业外文书刊打下语言基础。俄语教育从 60 年代中期开始收缩,大学外语教学从以俄语为主转向以英语为主。

1964 年,教育部制定了《外语教育七年规划纲要》,规定我国高校共同外语课语种包括英语、俄语、德语、法语、日语,其中以英语为第一外语,同时也可以因学科性质和相关需要,由学校确定其他一种外语为第一外语。1965 年,教育部召开高等外语院系教学工作会议,贯彻落实《外语教育七年规划纲要》。1966 年"文化大革命"爆发,高等教育进入相对停滞状态。

20 世纪 70 年代初,我国对外交往开始活跃,1971 年 10 月,中华人民共和国在联合国的合法席位得到恢复,外交上的突破促进了对外语教学的重视。从 1970 年到 1976 年,全国 295 所大专院校招收工农兵学员。这一时期的大学公共外语课普遍为英语,少数公共外语为日语或德语。工农兵学员的文化水平参差不齐,新生的外语水平普遍只有初中程度,大学外语课程名存实亡。1978 年召开了全国外语教育座谈会,会议产生了《加强外语教育的几点意见》,关于如何强化大学外语教育做了具体部署安排,并指出公共外语除英语外有条件的院校还要开设德、日、俄、法等相关语种的课程。

令世界瞩目的改革开放为我国高校大学外语教育的改革与发展提供了有利契机。对外开放政策的实施,其一是为了引进国外先进技术和管理经验,促进技术进步,推进我国国民经济发展;其二是通过此政策,抓住全球化的重要机遇,融入世界经济体系。此外,改革开放政策促进了文化、教育、学术等方面的交流,营造出一个十分有利于外语教育的大环境,而外语教育的发展必定受到社会环境的影响。在中国大踏步走向世界之际,社会对外语的需求日渐强烈,进而出现了对外语学习的追捧。

十一届三中全会以来,中学外语教育逐步完善,特别是英语在高考中的地位开始变化,自1983年,英语考试成绩按100%计入总分,大学新生英语水平普遍有了提高。1980年颁布了《英语教学大纲(高等学校理工科本科四年制试用)(草案)》。1984年,重新审定、通过了理工科本科用的《大学英语教学大纲》,成为当时编写教材、组织教学和检查教学质量的标准,这也是新中国成立以来第一份较为完整的大学英语教学大纲。教学大纲规定:"基础阶段各级教学结束时均应安排考试,其中第四、第六级结束时,应按本教学大纲的要求进行全国统一考试。"全国大学英语四、六级考试序幕从此拉开,这不仅为检查和评定大学生的英语水平提供了统一标准,也推进了教学大纲的贯彻执行,提高了大学英语教学质量。1991年,第一届高等学校大学外语教学指导委员会成立,决定对现行的理工科本科用和文理科本科用的两份《大学英语教学大纲》中的1—4级词汇进行调整,制定一份统一的1—4级英语词汇表。

1998年12月,教育部制定《面向21世纪教育振兴行动计划》,随后1999年1月国务院批转《面向21世纪教育振兴行动计划》,要求"全社会都要高度重视教育,要使科教兴国真正成为全民族的广泛共识和实际行动。各级人民政府和各有关部门要切实把教育摆在优先发展的战略地位,充分认识全面振兴教育事业的重要性,把生机勃勃的中国教育带入21世纪。"为贯彻落实《面向21世纪教育振兴行动计划》,加快现代化远程教育工程资源建设的脚步,教育部于2000年5月启动了"新世纪网络课程建设工程"项目,大学英语网络课程首次将现代信息技术系统地引入大学英语教学。2002年4月,教育部高教司张尧学司长发表文章《加强实用性英语教学,提高大学生英语综合能力》,对大学英语教学提出了建议。2002年8月,教育部高教司召开大学英语教学改革座谈会,教育部周济副部长做重要讲话。座谈会讨论大学英语教学存在的问题、改革的方向和需要采取的措施,对大学英语教学改革进行部署。12月教育部高教司下发《关于启动大学英语教学改革部分项目的通知》,启动了大学英语教学改革项目,一是制定《大学英语教学基本要求》,要求"结合我国高等学校实际,加强实用性英语教学,充分考虑现代教育技术在教学中的应用";二是加强大学英语网络与多媒体教学体系建设,目的是建立以提高学生的自主学习能力为重点的教学模式。充分利用网络和多媒体技术,建立虚拟的网上英语教学和训练环境,形成一套行之有效的大学英语教学体系,面向全国推广。

2003 年 4 月,教育部正式启动"高等学校教学质量和教学改革工程",将大学英语教学改革列为"质量工程"四项工作中的第二项,提出广泛采用先进的信息技术,推动基于计算机的英语教学改革;改革单一的大学英语教学大纲,由以往的以阅读理解为主向综合实用能力为主转变,研究并制定适应各学科门类的大学英语最低教学要求,进一步改革全国大学英语四、六级英语考试,充分发挥其引导高校英语教学改革的作用。2003 年 7 月,教育部高教司张尧学司长再次撰文,分析大学英语教学的现状和推进大学英语教学改革的基本条件,阐述了大学英语教学改革的目标和措施。12 月,教育部高教司发出《关于开展大学英语教学改革试点工作的通知》,决定选择部分高校进行大学英语教学改革试点。2005 年 9 月,教育部高等教育司下发《关于申报大学英语教学改革:示范点项目的通知》,指出示范点项目建设的目的是:"通过大学英语教学改革示范点的建设,总结并推广教学改革成功经验,充分发挥其示范、辐射作用,完善并推进基于网络和多媒体的大学英语新教学模式以及大学英语四、六级考试改革,不断提高我国大学生的英语综合应用能力,提高大学英语教学质量"。2006 年 4 月,教育部发文,批准 31 所院校为大学英语教学改革示范点项目学校。示范点的设立标志着大学英语教学改革从试点阶段逐步过渡到示范和推广阶段。

第二节　高校英语基础知识教学现状

一、语音教学现状

(一)对语音教学内容把握不准

部分高校英语教师认为,语音教学就是教授学生国际音标、字母发音、单词读音等。这种观点体现了教师对语音教学内容的认知存在缺陷。因为语音、语调、重读、连读等同样是语音教学的重要内容。由于部分教师重视前几项内容,而忽视了后几项,很容易造成一种常见现象:学生单词拼读、整体发音尚可过关,但重音不准确,语调不流畅。这造成学生说不清楚,读不明白,继而造成在沟通时"听不懂,说不出"的情况。因此,英语语音教学在传统的单个音节和单词整体读音的培训基础上,还应着力在语音、重音、语调、节奏等方面的锻炼。

（二）对语音教学认知欠缺

教师对语音教学的认知不足主要体现在两个方面：其一，教师对语音教学的重视不够；其二，教师缺乏对语音教学长期性的认知。

1. 教师对语音教学不够重视

众所周知，世界上存在的所有语言不一定都有文字形式，但却一定有各自的语音。语音教学是任何外语教学的第一步，因此，英语语音教学必然是整个高校英语教学过程的起点。令人遗憾的是，在教学中，很多教师对语音教学并未予以足够重视，主要体现为以下几个方面：首先，未对学生的发音问题认真纠正，如重音读错，音节、长短元音区分不清等；其次，未对学生存在的共性发音问题进行归纳总结，导致很多学生存在大致相同的语音问题而得不到改正。教师的重视不足，导致学生语音发音不准确、技巧不纯熟、读音不地道、阅读和口语水平存在很大差距等问题。

2. 教师缺乏语音教学长期性的认知

部分教师和学生存在一个错误认知，即语音作为一项基础语言知识，只需在英语学习的初级阶段，即小学至高中阶段，得以普及即可，而学生在大学阶段无须再进行语音学习。这种观点显然是有缺陷的。语音学习应贯穿于整个英语学习阶段，并且语音教学也应贯穿于整个英语教学过程。而这种观点常为部分教师所忽略，进而导致学生的语音、语调愈来愈差，例如，大三、大四学生口语能力与技能反而不如大一新生。诸如此类问题的产生都与教师对语音教学的长期性认知不足有很大的关联。

作为一种技巧性能力，语音教学可理解为"久熟不如常练"，即大量练习才能提升语音水平。大学阶段的英语语音教学的重点可不局限于单独的单词发音，尝试将语音教学融入基础语法、文章词汇、句型讲解中，同时将语音教学贯穿于英语听、说、读、写等训练中，这样结合语境和其他能力的培养，学生的语音水平才能得到切实提高。

（三）学生语音练习机会不多

大学阶段的语音教学过程中，教师鲜会专门用几节课来讲授语音知识。非英语专业的学生没有机会上专门的语音课，语音是结合其他语言技能进行的综合教学。一堂英语课中，教师需要兼顾语法、词汇与文章讲授，分配给语音教学的时间本就不多，而用于语音练习的时间就更少了。这是目前高校英语语音教学中存在的一个显著问题，也是造成学生语音学习效果不佳的一个重要原因。

二、词汇教学现状

（一）教学方法枯燥

词汇是学生英语学习的最重要内容之一。众所周知，很多学生都存在记得快、忘得快的情况,部分学生死记硬背单词,或者因为背单词枯燥、乏味半途而废。这些问题与教师词汇教学的方法有很大关系。仍有教师依然采用传统的词汇教学方法,即老师带读、学生跟读,老师讲解、学生记忆。乏味枯燥的词汇教学方法令学生处于被动的学习地位,这无形中加剧了学生对词汇学习的抵触心理,教与学的效果都欠佳。

教师必须及时更新、创新词汇教学方法,采用多样丰富的词汇教学方法来调动学生的积极性与兴趣。常见的方法包括,教师利用图片、实物、身体语言、多媒体等教学辅助工具来呈现和讲解词汇,而不是一味地用 PPT 讲解,这样有助于吸引学生注意力,提升词汇教学效果。

(二)词汇欠缺系统梳理

大学阶段要求掌握的英语词汇,如细细梳理,是有规律可循的,是存在系统性的。但是我国的大学英语词汇教学缺乏这样的系统性,几乎每一册教材都包含多种主题,但并未遵循一定的系统排列开来,致使其所包含的词汇缺乏共同的轴心与纽带。结果就是,学生难以在所学词汇中建立起某种联系,容易导致其在复述、记忆、联想或应用词汇时陷入混乱。高校教师应该在梳理后系统地来开展词汇教学,把握好这种词汇的系统性有助于提高词汇教学的效果和效率。

(三)学生的主体地位不突出

现代教学体系中,只有突出学生的主体地位,教与学才能收到令教师与学生都满意的效果。然而,这种主体地位在实际的英语词汇教学中未得到很好的体现。词汇教学是对学生综合能力的开发,包括记忆力、联想力以及思维能力的培养。然而现实中,填鸭式词汇教学仍然广为采用,不管学生是否有兴趣,教师都将词汇发音、词组搭配等知识灌输给学生,这样的词汇教学效果显然不佳。

当学生进入大学阶段,在有了一定的英语词汇基础后,学生有能力对相关的词汇规律进行归纳总结,也有自己的兴趣点。基于此,教师不应"独揽大权",而是应该引导学生进行独立思考与归纳总结,不仅要探索词汇规律,也要结合兴趣所在,逐步掌握词汇学习的方法。

三、语法教学现状

(一)语法地位有待提高

语法教学曾一度在我国英语教学中占据核心地位。一提及英语教学,人们必然会想到语法。然而过度强调语法的英语教学存在诸多弊端,因此各阶段英语教学便逐渐淡化英语语法教学。有观点认为,自小学阶段起,学生就开始学语法,到高中毕业时语法学习已基本完毕,大学阶段无须学习语法。也有观点认为,目前各阶段英语试卷中考查语法的题目较少,分值比重不大,根本不值得花费大量精力去学习。这就导致语法教学又一度失宠。

(二)学生语法应用能力薄弱

学生对语法的运用能力薄弱主要体现:学生掌握的语法知识和实际能够运用的语法技能之间存在差距。传统的英语教学过度强调语法知识的讲授,即使在大学阶段,语法教学也仍以传统的方法来进行,例如讲解文章内的句子时,以"讲解语法—句子翻译"为主。通过这种反复巩固的模式,学生虽然掌握了语法知识,语法规则记得清清楚楚,却并不具备实际运用语法的能力,在交际过程中的效果不尽如人意。

第三节　高校英语基础技能教学现状

一、听力教学现状

(一)教学模式刻板化、机械化

机械化、刻板化的听力教学主要体现为整个教学模式过于程序化,目前大多数英语教师都采用"学生听录音—教师对答案并讲解"的模式开展听力教学。这样的听力教学缺乏对学生的过程监督,忽视学生对于语篇的整体理解,没有调动学生对于语篇的学习兴趣。机械化的重复播放录音与讲解中,教师盲目地教,学生被动地听,而且听的时候也没有动力,听完被动地等着对答案,听讲解,学习动力完全没有激发出来。

(二)听力量不足

需要大量的练习才能切实提高听力水平,现实是很多学生下课就将学习抛在脑后,鲜有学生主动练习听力,因此其听力学习时间主要集中在课堂上。然而,正如上文在语音教学讨论时所指出,非英语专业学生的英语听力学习并不是单独成一门课,而是和其他综合英语知识一起教授。由于一节课的时间有限,而且也不可能全部用于听力,实际上学生能够用于听力的时间少之又少。而听力作为一种重要的语言"输入"技能,它的提高并非一蹴而就,这就使学生的听力水平难以得到切实提高。

(三)听力教材组织不足

听力教材对听力教学的进行具有重大的指导作用。优秀的听力教材不仅可以丰富学生的文化素质,并且能够开阔学生的视野。而质量欠佳的听力教材就会对教与学产生各种阻碍。目前很多高等院校使用的听力教材存在教材内容陈旧、编排不合理、与时代脱节等问题。这些教材不仅不能反映变化的社会环境,也不能体现最先进的教学理念和教学方法,因此也很难在听力教学中起到应有的辅助作用。

二、口语教学现状

(一)口语练习量不足

正如上文所讨论的听力教学一样,口语教学也并未被独立出来自成一门课,这就意味着口语教学的时间难以得到保障。众所周知,口语能力的提升需要花费大量的时间与海量的实践,因此教学时间的不足直接制约了教学效率的提高。以某高校使用的英语教材《全新版大学进阶英语》为例,该教材主要包括五项内容:听、说、读、写、译。假设每个班级有 50 名学生,学生英语水平参差不齐,那么即使一学期能够分配两个小时给口语课,每名学生接受的训练也非常有限。因此,教学时间的欠缺是英语口语教学的硬伤,这直接导致了学生的口语能力得不到提高。

(二)口语教材匮乏

鲜有适用于非英语专业的高校英语口语教材。大多数针对非英语专业学生的英语教材都将口语能力当作听力能力的延伸,把口语训练附在听力训练之后,且内容单一、缺乏系统性。这种内容安排致使教师与学生不重视口语能力的培养。市面上也有一小部分口语教材,但实用性有限:要么是关于问候、天气等的日常用语,过于简单;要么是针对某一专业领域的口语,例如医学、生物等,难度太大。此两种教材都难以担当辅助高校英语口语教学的重任。

(三)学生口语期待大、落差大

受汉语的影响,中国学生在英语口语学习时存在各种各样的问题,这体现为以下几个方面:其一,比如,带有地方口音,听起来稍显别扭;其二,发音不准,影响了语义表达;其三,不能正确使用语音语调、连读等,影响口语表达的标准化。此外,更为重要的是,由于缺乏锻炼,学生很难将学到的词汇与语法应用在实际口语表达中,因而造成无话可说或者不知说什么的尴尬状况。英语教学的重点通常被放在阅读和写作上,这就导致口语教学被忽略了,导致学生缺乏口语练习,口语基础薄弱,总是在表达时不自信。部分学生不愿意开口讲英语,即使开口了,也带有紧张的情绪,担心自己用错词、说错话、被笑话。这些负面情绪对口语水平的提高造成消极影响。

三、阅读教学现状

(一)教学理念不正确

在中国高校,阅读教学一直都是英语课堂的重点。但目前高校英语阅读教学理念存在两个错误,如下所示。

1. 阅读教学 = 语法教学 + 词汇教学

高校英语教师重视语言基础知识的传授,会将一个单词、语法点详细讲授,阅读教学呈现"讲生词—逐句分析—对答案"的模式,忽视培养学生对语篇的理解及从语篇中获取信息的能力。究其根本原因就是阅读教学观念不正确,即教师对阅读教学的目的及任务认识不清,导致阅读教学只有语法、词汇教学,忽视其他重要能力,例如从语境中猜单词意思、归纳段落大意、推测逻辑关系等能力,因此学生的阅读能力并未得到切实提高。

2. 阅读语速 = 阅读能力

阅读速度加快,对部分教师来说,意味着阅读能力提高了。事实上,这一观点是不全面的。有些学生阅读速度虽快,但理解有误,因此阅读速度和阅读能力没有必然联系。阅读速度应根据阅读任务和目标来确定,并且需要配合一定的阅读技巧来实现。例如,若只需了解文章大意,就可采用略读、泛读的方式来阅读,不必过分在意细节。若要掌握文章某个细节,就应先泛读文章,确定所需信息的位置,然后精读、研读该部分,找到所需信息。

(二)教学方式陈旧

高校英语阅读教学方式方法的陈旧体现在这种"下发阅读作业—学生阅读并答题—教师讲解"的教学方式已经固定,被很多教师采用。不可否定,这种教学方法有一些优点,应试性比较高,但是学生的阅读能力、技巧等均得不到培养,学生主体地位没有被强调,主观能动性没有得到发挥,学习兴趣没有被调动,可谓阅读教学效果不尽如人意。

(三)课程安排缺乏合理性

首先,部分教师对阅读课程的教学目的、教学计划、课堂重难点等设计不在意,阅读教学的课时、师资力量以及教学组织得不到保障,这就导致了阅读教学往往事倍功半。其次,阅读泛读课程被忽视。大多数高校,对非英语专业学生都安排了许多精读课程,而泛读课程几乎没有。这种重视精读、忽视泛读的现象加剧了教师和学生对英语阅读教与学的误解,即只重视学习词汇与基础语法知识,而由泛读培养起来的其他阅读技巧得不到提高。

第 二 章

我国高校英语教学
面临的问题

大学英语是以英语教学理论为指导,以英语语言知识与应用技能、跨文化交际和学习策略为主要内容,集多种教学模式和教学手段为一体的教学体系。在我国高等教育体系中,大学英语作为一门公共课,在大学课程整体架构中占有举足轻重的地位。从教学性质、教学目的看,大学英语教学是高等教育的重要组成部分,本章将讨论目前我国高校英语教学现状、存在问题,并探讨其影响因素。

第一节 高校英语教学现状及问题

一、课程设置缺乏合理性

当前高校英语教学中存在着重读写、轻听说的现象,大学英语课程设置也有重理论、轻实践,重阅读和听力教学、轻口语和写作教学的倾向,没有安排专门的口语课、写作课。因此学生在精读课、听力课中主要是被动接受知识,即被动"输入",然而没有口语课、写作课来帮助"输出",无法进行学习效果的反馈,这样的做法根本无法实现"学以致用"这一基本的英语教学宗旨。学生在精读课中所学的内容完全无法应用在写作课中。也就是说,大学英语课程设置中,精读课与写作课之间毫无关联、听力课与口语课毫不相干,这样使得"听、说、读、写"这四种英语技能之间的密切关系完全断裂,就造成这样一种现象:学生的英语知识在积累,而英语能力却得不到提高,无法学以致用。

我国大多数高校课程设置中,每周有 4 学时英语课,在这 4 学时课堂教学中,教师要兼顾听、说、读、写及课文翻译 5 个方面,学生几乎没有实际应用英语的机会,各方面能力得不到有效提高。口语教学是一个难点,口语教材内容不当,口语教学方法不明确,导致了学生进行英语口头交际的能力无法得到有效提高。李岚清副总理 1996 年 6 月 26 日在全国外语教学座谈会上指出:"很多学生经过 8 年或12 年的外语学习,却不能较熟练地阅读外文原版书籍,尤其是听不懂、讲不出,难以与外国人直接交流。"可见学生听说能力的培养确实亟须加强。北京外国语大学教授傅荣说:"之所以多年的学习积累一接触实践就露怯,还是因为我们的外语教学过于重视'语言知识'而不是'语言能力'。"

二、师资力量稍显薄弱

作为知识的传授者与学生学习的引导者,教师是教育系统中的重要一环,对教学发挥的作用不可替代。学生的学习离不开教师的引导和帮助,因此教师的素质高低是大学英语教学成功与否的关键之一。我国现有的英语教师岗位大多是由中国人担任,在毕业后直接进入教学岗位。这些高校英语教师拥有硕士、博士学位,但也存在诸多问题,例如:教学经验不足,教学理念陈旧,教学方式单一乏味等。

日常教学中,部分英语教师已习惯站在讲台前,单方向地向学生进行讲授,除了偶尔提问,教师几乎一直在输出内容,却没有反思过学生的获得以及调动学生的输出兴趣。一个合格的教师应该让学生掌握学习的方法和应用的技巧,并将其最终应用于实践中,而不是简单地向他们传授知识、单向输出。

近年来,由于高校大规模扩招,英语教师普遍短缺。大学英语教师大多超负荷"运载",工作时间偏长,很难有时间自我充电,进修和培训机会不多。在知识大爆炸的信息化时代,只有坚持更新知识,才能不掉队、不落伍,并且能更好地适应未来的教学任务。

三、教学模式枯燥

随着我国高校招生规模的扩大,学生数量过多,每个班级学生数较大。很多课堂教学活动受限,英语课堂上以词汇和基础语法知识为主,这样就不能将培养学生英语综合能力落到实处,其中听说能力的提高尤其受限。虽然在课程设置上设有英语听说课程,但大部变成了听力课程。课堂上教师就是放听力、对答案,模式单一,课程枯燥,很难吸引学生的注意力,更无从提高学生的口语水平。

大学英语教学模式的整体架构仍然是以教师为中心,教师围绕教材进行知识输出,在这样的框架下,学生是知识的接受者,没有主动思维和主动创新能力,实践能力薄弱。目前我国针对非英语专业学生的英语教学还是以教师为主导的非开放式教学,教师确定教学目的、教学任务和教学重难点,学生只需紧跟老师步伐即可,这个过程学生缺乏主动参与和创造性思维,因此学生没有足够的英语学习动机和兴趣。由于英语学习的主动性和创造性没有得到良好的启发与发掘,学生的英语自主发问能力和学习技能未能得到充分的培养,使得部分学生英语潜力未被充分开发,在口语、写作等应用能力方面也略显欠缺。

四、偏重应试技巧

值得理解的是，为了检验大中小学生的英语学习水平，我国每年都举行各种英语考试，包括英语各等级考试，例如全国大学英语四、六级考试；也包含各种期中考试和期末考试；还包括中考、高考、研究生入学考试等各种升学考试；甚至囊括雅思、托福等出国必备的考试。

全国大学英语四、六级考试，充分体现了我国应试教育倾向严重这一问题。尽管全国大学英语四、六级考试这一制度在一定程度上提高了大学生的英语能力、技能和水平，推进了我国整体的英语学习步伐，但是不可否定的是，全国大学英语四、六级考试主要考查学生对大纲单词及基础语法的学习，这种客观题单一正确选项的做法抑制了学生的主观学习能动性，使英语学习风气愈发应试化、刻板化、模式化，并没有发挥促进大学英语教学的作用。

应试教育使部分英语教师将课堂核心放在应对考试上，必须完成教学进度，鲜少抽时间进行英语语言实践。大多数学生学习英语也只是为了通过某级别考试，对语法知识和口语知识囫囵吞枣，不求精通，只求通过考试。许多学生考试成绩漂亮，但是说与写的实际能力却很差，英语应用能力提高的目标并没有实现。当前的英语考试以客观题为主，大量课堂时间花费在讲解语法和基础词汇上，学生花费大量精力在做模拟试题上，教师、学生的原因导致了学生应试技能过硬、实践素质薄弱的结果。

五、文化知识传输不足

文化知识传输不足体现在以下两个方面。首先，大学英语教学整体架构中对文化知识传输重视不足。究其原因，其一，英语课堂人数一般较多，课堂时间有限，与文化相关的实际活动很难有效开展；其二，某些教师文化素养及跨文化交际知识稍显匮乏，自身能力有待提高。教学内容以语法、单词讲解为主，教师单向输出，没有和学生有效互动，忽视文化知识和文化交际能力的培养，没有做到积极拓展学生的知识面、引导学生阅读中西方优秀文化作品和学习跨文化知识。

其次，文化知识传输欠缺与大学英语教学评估方法有联系。我国很多高校将大学英语四、六级通过率看错一项指标，评价教师教学水平，评估教学质量，真是把通过率看作学生获得毕业证书的必要条件。不可否定的是，大学英语四、六级通过率促使学生和教师都围绕它转，一切为了过级、提分。这就导致大学英语教学整体框架与跨文化沟通交流能力培养脱节，这样就很容易培养出高分低能的学生，即只会做题不会口语表达的学生。

第二节　高校英语教学的影响因素

在我国的大学英语教学整体框架中,教师、学生与教学内容是教学的基本三要素。此外,教学方法将三者有机联系起来,教学环境提供空间条件,教学媒体是教学辅助手段。因此可总结为:英语课堂教学的构成要素包括教师、学生、教学内容、教学方法、教学环境与教学媒体,英语教学质量的高低与否与这六个要素息息相关。

一、教师

英语教师是整个课堂的发起者与重要参与者,发挥着不可忽视的重要作用。教师专业英语能力直接影响着学生学习效率的高低与知识的吸收程度。总的来说,高校英语教师不仅需要具备扎实的英语基础知识和宽广的英语文化知识,还需要具备优秀的英语综合能力,尤其是英语口语和写作技能、能力。

在高校英语课堂,英语教师要对学生的英语学习活动进行有效的组织和统筹,设计出精良的英语语言教学活动,选择丰富的教学内容;同时,调动学生语言兴趣,培养学生良好的语言习惯及语言习得技能,营造良好的语言氛围和环境,还要及时了解学生需求;此外,教师需要不断调整教学方式和方法,根据学生实际情况不断审视和反思授课进程及重难点,要教给学生语言习得的规律,培养学生的自主语言习得能力;最后,教师还应该充当监督者:监督学生学习过程,并且督促学生进行自主学习。

文化素养与能力是英语教师的必备条件之一。根本原因是只有具备良好文化素养的高校英语教师才能在课堂上充当文化知识的传输者,在语言教学过程中将文化知识渗透到教学活动的每一个环节中。只有这样,学生才能在习得语言的同时,了解世界各个国家地区的不同风俗习惯、文化传统等,以此建立起跨文化交流的意识,并且为提高我国国家文化软实力作贡献,努力向世界传播我国优秀价值观念。

二、学生

学生是高校英语教学环节的另一个重要参与者与主体。不可否认的是,学生的英语语言习得理念、英语语言习得策略、英语语言习得风格、英语语言习得动机等都会对英语教学的效果产生重大且深远的影响。

（一）英语语言习得理念

英语语言习得理念是指学生对英语语言习得所持有的理念与观点。有些学生的英语语言习得理念来自同学和家庭，而有些来自他们以往的英语语言习得经历。英语语言习得理念是影响英语学习效率的决定性因素之一，它影响学生的自主语言习得行为及学习效果。在英语语言习得过程中，正面积极的英语语言习得理念能够帮助学生找到自己的英语语言习得的强项和弱点，以此平衡学习计划，查缺补漏，达到预期的英语语言习得的成果。与此相反，消极的英语语言习得理念会导致学生成为英语知识的被动接受者，缺乏英语语言习得自主性和创造性。

因此，在以学生为中心的英语语言习得模式越来越受推崇的当今社会，教师应当重视学生内在的英语语言习得理念，以促进学生高效率、高质量地完成英语语言习得的目标。普遍来说，教师的引导只是语言习得能力提升的外因，而学生自身的英语语言习得理念对语言习得效果起着至关重要的作用。学生要对英语语言习得理念有一个清楚的认知，只有这样才能在英语语言习得中不断自我调控、自我评估、自我提升，逐步探索出适合自己并行之有效的英语语言习得方法。

（二）英语语言习得策略

英语语言习得策略是学生采取的技巧、方法或刻意的行动，其目的是为了提高英语语言习得效果。广义来说，英语语言习得策略指学生为了促进英语语言习得能力而采取的一切行为。狭义来说，英语语言习得策略是学生自我构建的语言习得策略，这些策略能直接影响英语语言能力的发展。

英语语言习得策略与英语综合能力是相互关联的。成功的学生会找到行之有效的英语语言习得策略，帮助自己发现更有效的学习方法，并能够根据自身的特点调整英语语言习得策略从而完成英语语言习得任务。可以说，英语语言习得效率的高低和能否恰当地选择和使用英语语言习得策略息息相关。正确地使用英语语言习得策略能提高学生英语语言习得的自主性和创新性。高校学生应尽可能地通过各种渠道学习成功的英语语言习得策略，包括但不限于教师的课堂、小组讨论、英语语言讲座等。

在课堂上，教师可以发挥课堂引导者的作用，将课堂内容与英语语言习得策略指导结合起来，这样才能有效避免学生对于运用何种英语语言习得策略产生误解。此外，教师还应提供足够的机会让学生练习如何应用英语语言习得策略。

（三）英语语言习得风格

英语语言习得风格是学生在英语语言习得情境中对刺激做出反应并运用刺激的一贯方式。英语语言习得风格是基于学生生理条件，受特定的家庭、教育和社会文化的影响，通过长期的英语语言习得活动而形成的较稳定的方式与风格，对英语语言习得效果有直接的影响。

高校英语教学中，个性化学习已成为大势所趋。每一位学生的学习时间和学习过程都可根据学生自身的情况进行自我调整，以最大限度地发挥学生的英语语言习得潜能，提高语言习得积极性，从而提高语言习得效率。高校英语教学过程中，教师应注意开展个性化教学，因材施教。首先，针对不同专业、不同年级的学生，教师应有意识地调整英语语言教学方法来适应学生的语言习得学习风格，优化教学模式，实现个性化英语语言教学，从而提高学生语言习得效率。其次，教师应该承担引导者的角色，帮助学生培养个性化、独立性的英语语言习得风格，帮助学生逐步适应自己的语言习得风格。最后，教师还要针对性地设计一些教学活动来弥补学生英语语言习得风格上的不足。

（四）英语语言习得动机

英语语言习得动机是影响语言习得效率的一个重要因素。英语语言习得动机通常包括内在习得动机和外在习得动机。英语语言习得内在动机源于学生对语言习得的浓厚兴趣，而语言习得外在动机源于外部世界的影响。英语语言习得外在动机可以转化成内动机。举例来说，某学生一开始由于外界的刺激开始进行英语语言习得，而在语言习得过程中对英语这门语言产生了强烈的兴趣，以至于该生主观上想继续英语语言习得，这样外在动机转化成为英语语言习得的内在动机。一般来说，英语语言习得外在动机会随着外界刺激的消失而消失，只有在内在动机的影响下英语语言习得才可能持续下去。

我国语言学家刘润清曾经指出："学习者的动机类型往往与他们所处的社会环境有关系。"长期以来，高校大学生英语语言习得动机的社会环境主要是应试的压力，学生语言习得的目的是为了考级、过线等，这是英语语言习得的外在动机，不能对提高高校学生英语语言习得效率产生积极的影响。因此，高校英语教师应当激发学生的语言习得内在动机，引导他们把语言习得目标放在加强英语语言综合能力上，包含但不限于口语表达和书面表达等。高校外语教学中要发挥教师的主导作用和学生的主体作用，激发学生对英语语言习得的兴趣，让学生在参与中获得快乐，在快乐中锻炼英语语言能力，以此提高英语语言习得效率。

三、教学内容

教学内容是指在教学活动中为实现教学目标,师生共同作用的知识、技能、技巧、思想、观点、概念、原理、事实、问题、行为习惯的总和。教学内容是学生认识和掌握的主要对象,是教师和学生进行教学活动的重要依据。根据教育目标,选择并确定教学内容,制订课程计划、课程标准,编制教科书,在教学过程中发挥师生的主动性,活化教学内容并使学生有效掌握,是保证高质量人才培养的重要前提。高校英语教学不仅要让学生掌握英语语言知识和语言技能,还要让学生掌握语言习得策略,养成良好的语言习得习惯,具备一定的跨文化沟通能力。

英语语言知识是综合英语运用能力的组成部分,也是英语语言学习的重要内容之一。只有具备了扎实的英语语言基础知识,学生才可能掌握较强的英语语言能力。非英语专业高校学生应该学习的英语语言基础知识包括但不限于英语语言语音、词汇、构词法、基本语法、应用场景等。语音、词汇和构词法,还有基本语法都会体现在阅读文章和听力语篇中,也会体现在口语表达和书面表达中,这几种英语语言知识贯穿于英语语言学习过程,不管是英语语言的"输入"还是"输出",这几个基本内容都有举足轻重的作用。

在学习英语语言时,高校学生必须熟练掌握听、说、读、写四项基本英语语言能力。大学英语教学内容必须包括听、说、读、写基本英语语言技能的培养,也要包括英语语言实际运用能力的锻炼,这样为高校学生提供体验英语语言的机会,能够帮助高校学生更加熟练地掌握英语语言基本知识及综合能力。通过多种多样的英语语言听、说、读、写专项培训和综合性运用实践,学生可以为真实的扩文化交际奠定坚实基础。

学生在英语语言习得过程中会受到价值观、意志、理智、动机及教师的人格、态度、情感投入、教学风格等各种情感因素的影响。因此,教师应该发挥"指挥家"的作用,关注学生语言学习兴趣,培养学生语言学习刺激点,梳理学生语言学习问题共性,树立学生语言自信心,引导学生正确认识英语语言学习中的优势与不足,培养互帮互助的优良价值观。

英语语言学习离不开对英语所代表的相关文化的了解。在英语语言教学过程中,例如进行文章讲授之前,教师可以介绍作者及文章的文化背景,根据学生的专业、年级及认知能力向学生传授相关文化知识。与此同时,高校英语教师在教学过程中,需要引导学生学习并力图发扬中华民族的优良传统,培养学生形成"传承文明,开拓创新"的思维意识,形成正确的价值观。

四、教学方法

英语语言教学,无论在过去还是现在,都是教无定法,贵在有法。在高校英语教学历史上,有多种教学方法都发挥过重要作用,有效地促进了当时高校英语语言教学的发展。但是,没有哪一种教学方法是最万能的、最有效的。如果高校英语教师在英语语言教学中墨守成规,一成不变,从始至终只用一种教学方法,学生的学习兴趣肯定会大大下降。而且,不同的英语语言教学方法会强调不同的知识点、技巧和能力,综合、灵活地运用各种英语语言教学方法才能使学生英语语言能力得到切实提高,最终使学生的英语语言水平得到全方位发展。

在高校英语语言教学中,无论使用何种英语语言教学方法,教师都必须以学生为中心,围绕学生的实际英语语言需求,将日常生活与语言教学有机结合,同时积极引导学生有创造性地、有目的地运用所学英语语言知识。此外,高校英语教师在选择教学方法时,应考虑学生的专业、年龄及文化背景,无论是在课程引入还是在主体文章讲授时,都选择适合学生实际情况、能调动学生学习兴趣、又能贴近学生实际的教学方法。

五、教学环境

教学环境是由多种不同要素构成的复杂系统,有广义和狭义之分。广义的教学环境是指影响学校教学活动的全部条件,它可以是物理环境,也可以是心理环境。狭义的教学环境特指班级内影响教学的全部条件,包括班级大小、座位模式、班级气氛、师生关系等。总的来说,可将其分为社会环境和学校环境。

(一)社会环境

对于高校英语教学来说,社会环境主要是指经济水平、科学技术水平等对英语语言学习的态度以及社会对英语语言能力的需求等。当今,高校英语语言教学中制定教学大纲、安排课程设置等都需要符合社会环境,以满足社会环境对于人才英语水平的需求,力图培养出符合社会要求的多方面复合型人才。

(二)学校环境

高校为在校学生英语语言学习提供了最佳场所。学校环境对英语语言教学的影响是十分重大的,它决定着多数学生英语语言学习的成功与否。学校环境主要包含授课班级规模、授课设备、教学用具、课外活动等。良好的教学设施会对学生英语语言学习起到积极的作用。举例来说，专门的英语语音教室可以为学生学习英语语言提供必要的硬件条件，学生可在此锻炼口语、提升口语强化阅读水平等，进一步激发学生的学习兴趣；部分高校的图书馆设施先进，这样有助于增强学生的自主语言学习意识。

高校可以通过一系列活动增强学生对于英语语言的兴趣，扩充学生对于英语文化知识的了解，例如，邀请知名英语专家做专题报告，举办丰富多彩的课外活动，开展"英语角"活动，和学校英语社团共同举办配音比赛等，这样学生在校园环境中随时随地都能感受到英语语言的魅力，从而在校园内形成英语语言学习环境。

六、教学媒体

目前社会对复合型人才的知识、能力、素质的要求不断快速更新，尤其对人才的英语能力要求不断提高。随着大数据、物联网、数据挖掘、云计算、人工智能（AI）、数字孪生（DT）等新兴技术的快速发展，以及各种传感器和可穿戴设备技术的广泛应用，基于 AI 的数据个性化和智能化应用正在掀起一场新的革命，多媒体教学、网络教学等成为新的英语教学形式。

传统课堂面授若结合多媒体教学，可以突出优点，为学生进行英语语言学习提供优质环境，从而全面提高课堂教与学的效率。多媒体课件，例如常见的 PPT 或者动画课件，区别于传统纸质教材的静态特点，具有动态性，能集成文字、图像、声音及动画，具有良好的交互性。在多媒体教学下，学生突破传统的无声英语教学，可以听到 PPT 或动画里的语音、语调，也可以直接看到对话的情景以及说话人的表情、动作、神态等，从而有利于学生理解、吸收与模仿所接触的语言，对培养学生的学习兴趣和提高英语素质都具有积极的作用。多媒体技术为英语语言教学做出了很大贡献，既增加了课堂的生动性和互动性，也提高了学生的学习兴趣。

2019 年 12 月，一场新型冠状病毒流行病席卷全球，我国政府反应迅速，积极抗击疫情，同时各级教育行政部门也组织中小学、大学进行网络教学或线上线下结合的教学方式。英语语言的网络教学的优势得到体现：教师通过微信小程序或者手机程序（App）发布课程相关内容，学生可以在相应的程序进行英语知识的预习、PPT 回看、提交作业、参加考试等；同时，网络教学可以满足学生个性化学习的需求，包括发送实时弹幕、小组讨论、向教师发私信询问等。

第 三 章

高校外语教学改革的

必要性

第一节　高校外语学科发展的机遇和方向

一、服务国家发展战略，加强外语战略与布局研究

随着全球化进程的加速，新时代国家的发展战略给外语专业的发展带来了新机遇。随着国家经济的发展，我国在许多领域中的国际地位及话语权迅速提高，中国有机会参与国际事务，中国迫切需要一大批"具有国际视野、通晓国际规则的人才，能够参与国际事务和国际竞争"。同时，国家推行"走出去"发展战略，需要一大批外语专业人才、国际事务高端人员。在中国逐步融入世界、与全球各国的人民进行交流的大背景下，全民对学外语、提升外语能力的需要在增强，这也为发展外语学科提供了更大的机会。

为了与党和国家科学发展的重要战略布局相匹配，更好地运用我国哲学社会科学的基本研究职能，发挥我国哲学社会科学"认识世界、传承文明、创新理论、咨政育人和服务社会"的重要作用，外语教育应该从长远出发，认真深入地思考、研究我国外语学科教育的战略布局、人才培养及学科建设。

我们需要加强对外语策略的研究。我们需要对其他国家的做法进行研究，吸取其在这方面的经验和教训。我们需要对外语人才及外语教育等方面进行调查，了解实际情况。更重要的是，我们需要了解国家未来发展的需要，根据国家发展战略、科学规划调整外语教育结构，思考如何将外语人才培养与国家策略进行合理对接。

中国外语发展战略研究应该关注以下重大问题：（1）确定外语教育发展战略的目标，做好外语规划；（2）对接国家"走出去"发展战略，推动中国学术和文化"走出去"；（3）加强区域和国际关系研究。

（一）外语教育发展战略的目标与外语规划研究

战略目标是指着眼未来，立足实际，提出发展要求，创造开发条件，制订开发措施，此外，战略目标应能够在当前或可能条件下实施。外语教育战略目标是动态的，不同时期应该对应不同战略目标。

首先，要详细了解我们的网络外语学习资源种类有哪些，以及它们的资源分布管理状况，这些外语资源是否可以合理地进行规划和合理使用。我们通常需要建立不同外语语种的资源库及相对应的人才数据库等。

其次，加强外语规划与外语专业发展战略研究。关注外语专业的定位、外语语种布局、专业设置、办学层次、人才培养模式与规格、课程设置、跨学科与复合型人才培养研究，用外语开设的学位课程评估指标体系研究。开展外语政策与外语语种人才的培养及人才储备机制研究。

最后，根据国家未来政治、安全、经济、文化等方面的发展战略，研究并确定中国外语关键语种、研究性外语语种，未雨绸缪，培养与储备相关外语人才，研究特殊外语人才的培养与储备机制。

(二)对接国家"走出去"发展战略，推动中国学术和文化"走出去"

随着全球化进程的加快，中国学术文化"走出去"成为中国国家战略的重要组成部分，也是与世界文化融合、交流的一大内容。外语学科应在"中国学术国际化与中国文化走出去"的过程中发挥独特作用。一方面，我们要研究中国的文化与学术国际化现状、存在的问题及努力方向等；另一方面，我们还可以与海外的学者和组织合作，直接参与到中国的学术国际化过程中，也可以培养专门人才直接从事中国学术文化翻译和传播工作。

(三)加强区域和国际关系研究

随着中国实施"走出去"战略，中国对世界有了进一步的认识和研究。外语专业/学院应利用第一手资料和多语种信息的优点，大力进行国别综合性研究、大国关系研究及外国文化研究等。在研究某国家语言的同时，对这些国家的文化进行综合性研究，加深中国对全球的理解。同时，建立多语种舆情监控系统，为国家重要外交决策、公共外交和国家的"走出去"战略提供服务和支持。

同时，外语课程设置应进行相应调整。第一，在课程目标中，应充分考虑语言与专业学科之间的联系，把语言能力培养作为学生的专业能力提高的重要依据。语言学习推动专业学习，而专业学习则为综合的语言能力提供服务。第二，大幅减少基础语言培训课程的开设，增加与专业相关的研究性课程，努力提高学生探究能力。第三，尝试培养多语种的人才，鼓励他们学习古典语言，培养他们研究传统文化的能力。

二、加强外语教学理论研究，全面提升外语教学质量

在中国，加强外语教学改革、提高外语语言的教学效率和质量不仅是学校的课程问题，也是一项关于国家安全与未来发展的大问题，它关乎数千万名在校学生进行素质教育，影响中国的国际形象，影响着中国对人类文明的贡献。因此，切实了解国家发展战略及社会、经济、文化和教育对外语发展的真正需求，从国家利益出发对外语教育进行整体规划与布局，是解决当前外语语言教学诸多问题的重要手段之一。

外语教学理论研究肩负着"认识世界、传承文明、创新理论、咨政育人、服务社会"的使命。"认识世界"，就是要揭示语言学习，特别是外语语言学习的规律；"传承文明"，就是要把人类文明史一切优秀的成果，尤其是有关语言、语言学习和文化的优秀成果，特别是成功的外语教学实践经验等继承下来，发扬光大；"创新理论"，就是要通过对现有理论的反思，不断创新，获得新的突破；"咨政育人"，就是用我们的成果去为政府有关语言教育政策，特别是外语教育政策的制定提供可靠的理论依据；"服务社会"，就是用我们的理论成果，去为千千万万人学习和使用外语提供资源，提供指导和帮助。

首先，除了国家语言政策制定部门和教育管理部门根据国家宏观需求对外语教学明确定位、对各高校的外语教学进行宏观的指导外，各高校也应根据其办学定位和人才培养目标的不同类型，对学校外语教学方向做出规划与定位。

其次，在大学外语教学的改革中，我们要深入探究大学外语语言教学是如何服务于高等教育的问题。根据各高校各专业的特点，开展外语特殊用途研究，用外语结合专业，以此提高学生进行国际学术交流的能力。可以借鉴欧洲国家"用英语开设学位课程"的做法，把大学英语教育的目标定为国际化高等教育服务。大学外语教学对高等教育国际化的作用主要表现在以下三个方面：（1）教师国际化；（2）课程内容国际化；（3）课堂交流尽量国际化。

此外，我们也应加强对外语教材的研究。建立外语教材资源库，对国内外优秀教材进行研究，探索建立外语教材评价标系，编撰符合中国国情和学生特点的各种外语教材。还要大力开展有效的外语课堂教学研究，鼓励创新的课堂教学方式，探索外语课堂教学的评估标准。

要确立具有中国特色的外语教学理论，解决中国的外语教学问题，一个重要内容是研究中国人在外语方面有什么特色。近年来，一些学者对此进行了一系列的

实证与对比研究,但影响有限。还需要系统地梳理、探究一些与外语教学政策和教育实践有关的重大理论问题。部分比较重要的研究主题包括:母语影响,如母语知识在外语学习过程中究竟扮演什么角色;外语实践,如什么样的外语实践能够促进外语语言习得;文化因素,如跨文化因素在多大程度上影响外语语言习得。

三、加强应用研究,服务社会

(一)外语应用研究

随着我国许多城市国际化程度的提高,公共场所越来越多地使用外语标识和说明,但这些外语标识存在许多不规范的情况,应研究和规范公共场合外语的使用,积极开展外语翻译、语言服务、语言培训等方面的研究,加强对公民出国旅游目的地国家旅游文化等方面的研究。

(二)外语服务研究

开展大型国际活动外语人才需求与配备情况调查,开展国际会议、国际培训对外语需求等方面的研究。

公共服务业的外语服务,主要是指旅游、邮政、餐饮、医疗和金融等服务业的外语服务,如商铺网络和报刊的名称,政府机构、电台和电视的名称或标志,广告、说明书和产品的商标等。

也可以研究如何提高大型活动的外语服务质量。大型外语服务主要是指为举办大型体育会、博览会、商业洽谈和学术活动等大型活动提供外语语言服务,如2008年北京奥运会、上海进博会、上海国际电影节、北京国际电影节和各种商品展览等。还可研究国际大型会议及活动的外语服务特点,以及对相关人员进行的外语培训情况。

第二节　高校英语教学改革的基本维度

一、高校英语教学理念转变与升级

(一)高校英语教学目标转变与升级

针对非英语专业高校英语语言教学目标的转变与升级,国内外诸多期刊进行了论述。同时随着社会经济发展、科学技术进步，社会对具备高英语水平的复合型人才需求的不断变化，也使得高校英语语言教学目标的转变与升级一直未间断过，从 20 世纪 80 年代至今，高校英语语言教学目标已经进行了多次转变与升级。

现在，高校学生口语能力的提升以及写作能力的培养被当作教学重点，高校英语语言教学目标从单纯的知识传授升级、转换到综合技能的培养上。然而，对于现阶段的非英语专业高校学生的英语语言教学来说，基础语法、词汇知识的传授和综合能力技能的培养是同等重要的。非英语专业高校学生的英语综合能力包括听、说、读、写等基本技能的锻炼，也包括对语言文化的掌握，对跨文化交流的了解等。除此之外，高校英语教学目标还包括提升高校学生的整体语言素养，即要真正掌握一门外语语言，不仅要使用这门语言，也要理解这门语言，还应该将这门语言与自身文化素养融为一体，使自己的语言素养在文化的影响下，形成一种全新的语言应用综合能力。

（二）高校英语教学主体转变与升级

推进高校英语语言教学改革，是当前提高非英语专业高校学生英语素质的关键之一。这样有助于培养符合时代要求的复合型人才，并有助于选拔拔尖人才。传统英语语言教学理念下，教师是英语语言教学的主体，教师是英语语言教学活动的实际"掌控人"。而学生在如此的英语语言教学活动中处于被动的地位，学生语言学习兴趣不强，总是被动地接受英语语言知识。

现代英语教学理念主张以高校学生为中心，转变学生和英语教师在教学活动中的角色。教师在英语教师教学中的角色从"掌控者"转变为"掌舵者"，引导教学方向。教师不再是英语语言教学的主导者，但是其对学生语言学习的指导作用仍然巨大。教师的主要任务需要升级改变，从以往的传输单词、语法、翻译，升级为引导学生语言学习的方向，教会学生语言学习的方法，正所谓"授人以鱼不如授人以渔"。因为学海无涯，学无止境，学生只有具备了良好的语言学习方式、方法，才能促进自身语言学习能力的形成。

二、高校英语教学内容转变与升级

高校教改中，高校英语教学内容的转变与升级是较为复杂的问题。究其原因，针对非英语专业高校学生的英语教学,英语教师面临诸多问题:英语语言教学任务重,英语语言教学内容多,班型过大。每学期初期教师来不及细细探索,只能根据自己以往的英语语言授课经验进行课程安排。此外,大多数高校英语语言教学不采用小班制,也不针对学生的英语语言水平进行有针对性的分段式教学,英语语言教学无法达到预期效果。这些问题使高校英语教师开始思考,非英语专业学生的英语课堂应该教授什么?

因此,高校英语教学内容转变与升级应该围绕提高学生的实际英语语言运用技能。而语言的运用包括两个方面:输入,即听力和阅读;输出,即口语和写作。英语教学内容的改革应该围绕英语语言的输入和输出开展,这样可以为高校学生建立一套完整的个性化的英语语言体系,学生不仅可以提升基本语言技巧,还能在日常沟通场景下用自己的个性化语言进行交流。

三、高校英语教学方法转变与升级

(一)教师提问方式转变与升级

课堂提问是英语语言教学不可忽视的环节,在英语语言教学中,掌握良好的提问方式可以有效地活跃课堂气氛、提升学生学习兴趣。

1. 启迪学生主动思考

作为英语语言教学活动的引导者,高校教师必须要对语言教学过程中可能出现的问题有所准备并做出预判,在安排英语语言教学步骤时做好应对随时出现的问题的准备。教师应启迪学生进行主动思考,设计一些真实的英语语言情境以激发学生的探索欲,使学生在具体环境中对问题进行主动思考,进而激发其主观能动性,促进学生自主解决问题,最终不仅培养学生思辨能力,也能增强其自信心。

2. 因材施教

所谓因材施教,指的是高校教师对学生的语言学习情况要充分了解,这样才能制订出适合每一名学生的学习方案,让每个学生的英语水平得到切实提高。举例来说,一些棘手的语言问题可以找一些英语底子比较好的学生来回答;一些比较简单的英语问题,教师应该将回答问题的机会留给那些底子不太好的学生,以此调动其积极性,激发其语言潜力,增强其自信心。

（二）课堂活动转变与升级

兴趣在英语语言学习中发挥巨大作用,因为它是学生语言学习的原动力。因此,要使学生集中精力学英语就必须从学生的英语语言兴趣出发,在语言教学方法的使用上以学生的兴趣为中心。英语语言教学中教师可以使用小组竞赛、小组讨论、趣味单词竞赛等活动激发学生的兴趣,缓解英语语言教学课堂中紧张的气氛。

在英语语言教学课堂中,组织英语游戏和英语竞赛可以让学生放松,同时想要赢得竞赛的胜负欲和与组员一起赢得竞赛的集体荣誉感会被激发出来,也会对他们的思维能力产生积极影响。

四、高校英语教学手段转变与升级

1. 多媒体教学手段

多媒体教育手段,例如常见的 Powerpoint 或者动画课件,区别于传统纸质教材的静态特点,具有动态性,能集成文字、图像、声音及动画,具有良好的交互性。在多媒体教学下,学生突破传统的无声英语教学,可以听到 PPT 或动画里的语音、语调,也可以直接看到对话的情景以及说话人的表情、动作、神态等,从而有利于学生理解、吸收与模仿所接触的语言,对培养学生的英语学习兴趣和提高英语素质都具有积极的作用。多媒体技术为英语语言教学做出了很大贡献,既增加了课堂的生动性和互动性,也提高了学生的学习兴趣。

2. 网络教学手段

随着大数据、云计算、人工智能(AI)等新兴技术的快速发展,以及各种传感器和可穿戴设备技术的广泛应用,基于 AI 的数据个性化和智能化应用正在掀起一场新的革命,多媒体教学手段被广泛应用,其优势及特点如下。

（1）提升学生自主英语学习能力

通过网络教学,学生可以借助计算机组织英语语言学习活动,打破时空限制,在任何时间和地点学习英语课程。现在大多数网络课程包含课程回放功能,这让学生在课后能够有效复习与巩固,进一步实现自主英语语言学习。这样,教师的引导者功能发挥得淋漓尽致,学生的主体地位也得到体现,最终实现个性化学习。

（2）提供丰富的学习资源

网络资源丰富、信息量大,通过网络可以找到任何想要的英语语言学习资料,而且云端信息同步迅速,可将学习资料一键传递给学生。举例来说,高校英语教师可通过网络授课程序或者小程序来共享视频、音频甚至文件,然后根据具体的语言教学目标和内容来设计问题,让学生进行主动思考。

(3)提供良好的师生沟通平台

目前大多数网络教学平台还给高校教师和学生的交流提供了新的沟通交流方式。除了以往的电子邮件、论坛留言等形式,现在网络授课中,学生可以发送实时弹幕,提升课堂活跃度和参与度;也可以发送评论,与教师、其他同学进行积极互动;还可以发送私密信息,既能向老师进行提问,也能保护学生的自尊心与隐私。

第三节　高校英语教学改革的必要性

一、高校英语教学存在的弊端

(一)英语教学模式有待更新

针对非英语专业的高校英语语言教学普遍存在以下几个问题。首先,实际英语语言教学安排没有达到预期教学目的。其次,英语语言教学理念及思想十分陈旧。再次,英语语言教学方法陈旧、单调。从次,英语语言学习方式机械被动。最后,英语教材以及英语语言教学内容不能符合社会发展对英语人才的需求。

以教师为主导的高校英语语言教学模式束缚了学生的自由,未能发掘学生英语语言潜力,不利于学生语言能力的提高,最终阻碍了教学目标的顺利达成。

(二)学生的主体地位未被给予重视

高校英语语言学习的首要任务是"学"而不是"教"。科德曾说过:"有效的语言教学不应违背自然过程,而应适应自然过程。不应阻碍学习,而应有助于学习并促进学习;不能令学生去适应教师和教材,而应让教师和教材去适应学生。"这个"自然过程"就是让学生成为英语语言的参与者和接受者。

不同于其他大学学科,英语是一门实践性很强的课程,其语言技能是需要学生自己不断实践才能获得和提高的,它的教学效果是以学生的语言学习效果为依据的,而语言学习效果在很大程度上取决于学生的主观能动性和参与度。因此,大学英语教学必须以学生为中心,充分尊重学生的主体地位。但这并不表明就要抹杀教师的作用,教师只是要从台前转到幕后,担负起组织者、管理者、鼓励者、合作者和解惑者的作用。

(三)偏重应试教育

虽然全国大学英语四、六级考试这一制度在一定程度上提高了大学生的英语能力、技能和水平,推进了我国整体的英语学习步伐,但是不可否定的是,全国大学英语四、六级考试抑制了学生的主观学习能动性,使英语学习风气愈发应试化、刻板化、模式化。

应试教育使部分英语教师将课堂核心放在应对考试上,必须完成教学进度,鲜少抽时间进行英语语言实践。大多数学生学习英语也只是为了通过某级别考试,对语法知识和口语知识囫囵吞枣,通过考试便万事大吉。许多学生考试成绩漂亮,但是说与写的实际能力却很差,英语应用能力提高的目标并没有实现。当前的英语考试以客观题为主,大量课堂时间花费在讲解语法和基础词汇上,学生花费大量精力在做模拟试题上,导致了学生应试技能过硬,实践素质薄弱。

(四)与中小学英语教学联系不紧密

在现代英语教学中,与中小学英语的教学相脱节,成为导致大学英语语言教学效率下降的一个原因。现在许多城市和发达的地区都开设了小学英语课,即使是在落后的乡村地区,学生在初中和小学高年级也开始学英语。这些学生上大学前已经学习了多年英语,应该有一定的基础知识和英语能力,大学应该是他们运用英语的时期,也就是说,他们拥有大量语法知识和词汇基础作为后盾。大学英语教学应该把大部分的时间花在培养学生语言能力方面,而不必花费大量时间来讲解和练习基础语言知识。但实际事实并非如此,目前许多公立大学的学校英语教学计划纲要和中等学校英语教学计划纲要的具体制定往往缺乏科学系统,各教学阶段的英语教学内容、目标、要求经常脱节,进而容易造成英语教学内容的纷繁重复,分配也往往是非常不合理的。

二、高校英语教学的最新要求

起源于20世纪80年代的大学英语教育改革,取得了一定的成绩,但随着国家的改革开放和经济发展,随着人民对大学英语的期望不断提高,彼时改革的举措不能解决现在所面临的问题,如果不改革,大学英语教育就无法适应时代发展,满足社会的需要。正因如此,大学英语教学的改革是必然的。此外,从 80 年代到今天,大学的英语教育改革并没有根本地改变传统教育模式,也就是单一的问学方式,即不问生源差异。结果导致教学效果欠佳:基础较好的学生提高不多,基础较差的生获得少;学生的课堂教学和教师满意率下降;英语老师感到没有任何成就,觉得是在做没有用的事。因此,如何让大学的英语语言教学与每个学生相适应,是大学英语教学改革的关键。

(一)追求人才全面发展

在大学英语语言教学中,以人为本是每一位教师的授课理念,教师英语语言教学的目标是充分发挥学生主体地位,教会他们自主学习,使学生终身获益。在知识经济迅速发展的今天,学生所需要的内容日益增多,仅在学校里进行的学习远不足,要想在复杂、竞争激烈的社会里立足,学生就必须有不断地学习的能力,并且必须利用有限的知识来解决生活中的各种问题。大学英语语言教学的首要定位是育人并教书,在教学中,老师应该努力提高学生的学习兴趣,帮助他们获得有效的学习战略,并养成好的英语语言学习习惯。

全面发展人才,不仅是强调学生的知识教育,而且对学生精神世界的建设也更加注重。学生的社会责任、学习态度,都会影响到他们的学习。全面发展人才强调尊重学生个性,每一名学生都具有丰富的个性潜能,英语老师应多与学生沟通,从学生的独特视角获得英语教育改善的灵感。和谐的教学氛围是人才全面发展必不可少的条件,因此老师和学生应该保持平等关系,教师多为他们创造一个英语语言学习机会,让他们在课堂上体验语言成功。

(二)采用科学的评价方式

1. 多元化原则

在大学英语语言教学中,评价系统的改变必须是多元化,只有教学系统评价多元化才能发挥应有效果。评价多元化包括:目标的多样性,评价主体的多样化,评价工具的多样性等。其中评估主体多元性尤为重要。传统高校英语语言教学中,评价主体通常是英语教师,而评估对象通常是学生。实际上,在教育活动中,评价的对象应该更加多样化,即教师、学生和家长都应该加入教育评价的过程中。教学管理人员和家长的评估对英语语言教学进步与提高起着重要的作用,教师能够通过此多元化评估过程了解自己的不足之处,了解家长、教育管理人员对教学的建议,从而提高英语教学水平。

2. 激励原则

评价旨在促进学生全面发展,但由于教学观念的错误引导,使人们认为评价与考试相等。家长、教师甚至整个社会都通过评分来衡量学生,使他们卷入无情的分数竞争之中。这就造成了学生在分数上看不出自己的进步和不足,感受到更多的压力。评价不是打击学生积极性,而是要激励他们,评价的目的在于发现学生英语语言上所具有的优势和特点,并针对他们的特点提供更大的发展空间。

3. 情感体验原则

语言是表达情感的工具,而英语语言教学实则也是情感的教学。因此,在进行英语语言教学评估时,应多关注学生的情感感受与体验,对学生的评估不应仅停留于他们所掌握的知识多少,还应该看学生有否具备用英语表达情感的能力。同时,教师在评价时还应该具备积极正面的情感,重点关注学生的进步,鼓励学生的发展,使学生以积极的态度进行评估,从而在评价结果中不断受益。

(三)提高学生认知能力

英语语言教学不仅要培养学生的语言知识和技能,还应该培养学生的认知能力。学生认知能力的提高需要采用合理的教学方法。

为了提高学生的认知能力,必须在英语语言中以基础词汇为核心展开教学,语言由词汇构成并应用在不同语境下。语言和思维方式都将在使用语言时得到体现,这样的教学方式更好地促进了学生把英语语言形式和思想内容相结合,进而提高学生的智慧。此外,教师在讲授英语语言知识时,还应该教授学生必要的文化和思想,语言教学要与"达理""明志"相结合。学习英语语言的学生,应有跨文化领悟能力,即在学习英语语言的同时理解文化和相应的思维方式,这些都能无形地增强学生的认知能力。

总之,大学英语语言教学存在的各种弊端,以及对大学英语语言教学的最新要求,都反映了大学英语教学改革的必要性,也加速了英语语言教育改革的进程。

随着经济全球化发展,教育国际化逐渐成为全球教育改革和发展的焦点,也成为全球教育战略发展的目标和方式,外语教育有机遇与挑战。回想过去,我国从改革开放以来,在外语(尤其是英语)教学方面,取得了世界瞩目的成绩。无论是基础外语教学,还是高等外语教学,从大纲修订到教材编写,从课堂教学到外语水平测试、外语等级测试都经历了巨大的发展和迅速的变化。与30多年前相比,我国英语语言教学的整体质量有了很大的提高,为国家培养了一大批优秀的具有高英语水平的复合型人才,全民英语素质也有了很大的提高。信息化时代给英语语言教学带来了更大的发展与应用空间。然而,由于各种历史和现实因素,我国英语语言教学目前仍存在着许多局限性和问题,给高校英语教学可持续的发展造成了困难和障碍。

三、新时期外语学科面临严峻挑战

(一)外语专业缺乏长期规划,难以满足国家发展战略的需要

第一,没有专门的教育机构被用来负责协调和监督管理各种类的外语语言教育,以及有关各种外语语言的教育政策和各种语言教育规划,我们目前还没有统一的外语能力标准,也没有统一的外语能力鉴定机构。第二,我们缺少一个长期规划的外语语言教育。随着全球化时代的到来和中国改革开放进程的深入,中国正面临着"走出去"和融入世界的挑战,同时也面对着一些国家对中国崛起的焦虑。国家迫切需要了解不同地区的语言,熟悉相关国家的情况,了解世界不同地方的文化,为国家安全,政治、外交、经济、文化发展和社会稳定服务。但我们目前缺乏关键的外语语种界定与研究,对外语人才的种类、级别和数量等问题也没有宏观调控。第三,从专业发展的角度来看,不同语言的发展是不均衡的,外语教育和专业人才培养的层次不同,区域布局也是缺乏。总的来说,高端外语人才稀少,经济欠发达的地区特别如此。外语专业的设立受到经济利益的影响很大,一方面是沿海地区和一线城市的外语专业人员过剩,另一方面在部分经济欠发达的地区或部分边界地区,外语专业人员尤其是高级人才,供不应求。在全国范围内,一些作为重要语种的非通用外语,既没有教学点,也没有专业研究性人员,一些重要外语语种缺少储备人才;与此同时,英语专业出现了"泛滥"的情况。近几年来,该专业的毕业生连续在大学失业率排行榜中名列前茅。据统计,全国有一千余所高校,几乎每一所大学都开设英语专业,招生人数几乎都是上百人,学生的就业相关度很低。第

四,外语学科的课程设置与社会需要严重背道而驰。大多数外语学生都只会一些基本的外语技巧,缺乏有关专业的知识,对相关国家的历史、文化和经济都了解很少。外国有很多"中国通",有大批研究中国各方面问题的专业机构和专家,但中国缺乏对国外问题的专门研究。这些因素严重限制了中国在外交与国际事务方面的主动权,影响了中国"走出去"的进程。

（二）我国外语教学的主体定位模糊,应试综合性教育资源泛滥,难以在现代国家经济发展中培养国家急需的大批国际化外语人才

《国家中长期教育改革和发展规划纲要（2010—2020 年）》（简称《纲要》）提出,我们要"借鉴国际上先进的教育理念和教育经验,促进我国教育改革发展,提升我国教育的国际地位、影响力和竞争力。适应国家经济社会对外开放的要求,培养大批具有国际视野、通晓国际规则、能够参与国际事务和国际竞争的国际化人才。"毫无疑问,大学毕业学生要具备国际视野,通晓国际规则,能参与到国际事务及国际竞争中,其前提之一是掌握一种甚至多种外语,尤其是英语。然而,目前还没有一所大学能够将英语课程与国际化的大学和培养国际人才相结合。审视大学的英语教学,其目标定位模糊,不少大学都以四、六级英语考试作为大学的教学目标。绝大部分学生在通过了四、六级的考试之后,基本上结束了英语学习,之后很少有机会使用英语。总之,学生的英语学习能力并不能起到有效的作用,不能应用到未来的学习和职业中。

早在 2001 年,教育部在《关于加强高等学校本科教学工作提高教学质量的若干意见》（2001 年 8 月 28 日）中专门提出要"积极推动使用英语等外语进行教学"。按照"教育面向现代化、面向世界、面向未来"的要求,"为适应经济全球化和科技革命的挑战,本科教育要创造条件使用英语等外语进行公共课和专业课教学。对高新技术领域的生物技术、信息技术等专业,以及为适应我国加入 WTO 后所需要的金融、法律等专业,更要先行一步,力争三年内,外语教学课程达到所开课程的 5%—10%。暂不具备直接用外语讲授条件的学校、专业,可以对部分课程先实行外语教材、中文授课,分步到位。""对于信息科学、生命科学等发展迅速、国际通用性、可比性强的学科和专业可以直接引进先进的、能反映学科发展前沿的原版教材。"

然而,十多年的时间了,这个目标还没有实现。由于课程的目标并不明确,师资问题也没有得到很好的解决,基础英语与专业英语的衔接与过渡不够顺畅,同时由于缺乏对此类课程的有效评估与激励,英语作为一种教学媒介的课程,不仅没有获得突破,而且在一些学校也受到削弱。在许多高校,一些尝试以英语为教学语言的课程在实践和研究过程中碰到过各种各样的问题(李同艳,2007;周恩、丁年青,2012;郑大湖、戴炜华,2013),因此我们有必要了解国内外其他地区和国家在双语教育方面的经验和教训(卢丹怀,2001;顾永琦、董连忠,2005;袁平华,2006)。

(三)外语教师的科研能力较弱,学术研究的国际化程度较低

在许多学校,特别是综合类和理工类大学,外语专业面临着即将被边缘化的危险。由于许多外语老师长期缺乏科学意识,缺乏相应的研究培训,加之教学工作量大,评估机制不科学,对外语专业的定位缺乏长期考虑,造成学科的研究方向不清楚,总体科学水平较低,高端研究成果不多,国际化程度较低的情况。外语学科在申报各级科研项目、人才计划、成果评选等方面的劣势,已是一个不争的事实。外语学科的学者在海外发表论文,出版专著,论文被引的次数,学术影响等方面,甚至比人文社科等其他学术领域还要低。在参加国际学术交流,举办会议或活动等方面,外语老师也缺少积极的精神和实力,缺乏足够的底气。

第 四 章

高校外语教学模式探索

在大学外语教育中,教学方式是重要组成成分之一。所谓"教学模式",是指在一定的教育理论和教学思想指导下,为实现教育目标制订的、比较稳定的教育活动和教学方法的结构框架。随着大学英语教育的改革和发展,教学方式方法也有了很大的变化。本章将分析和研究大学英语教育中新颖的教学模式。

第一节 情感教学模式

一、情感教学模式的概念

情感指的是个体对客观事物是否符合自己的需要而产生的一种内心体验以及相应的外部表现。在学习过程中,学生的感情、性情、气质、态度等都会对他们的学习行为与效果产生直接影响。情感包括积极情感与消极情感。

情感教学,顾名思义,是一种从情感的角度来分析教学现象、展开教学的教学模式。这种教学模式的提出是对传统大学英语教学模式的改革,主要针对的是传统大学英语教学中重认知、轻情感的不合理的教学现象。

学者鲁子问指出:"情感教学是教师在教学过程中,在充分考虑认知因素的同时,运用一定的教学手段,通过激发、调动和满足学生的情感需要,以完善教学目标、增强教学效果的教学。在人性的理念上,教学过程不但是教育学之间的信息传递和反馈的控制过程,也是教师和学生进行情感交流的过程。学生的学习过程是认知活动和情感活动互相协调、互为作用的过程。"[1]

传统的大学英语语言教学方式大多以学科为重点展开教学,采用单一、统一的教学活动展开教学,师生之间为硬性的上下级关系,缺乏必要的交流。教师的教学重点是让学生记忆英语语法知识与词汇,很少关注教学过程中学生的情感与情绪。情感教学模式就是对传统大学英语教学中存在的上述问题的矫正,便于学生在学习与情感上的双向发展。

---

[1]鲁子问:《英语教学论》(第2版),华东师范大学出版社,2009。

二、情感教学模式的优势

(一)有利于学生迁移学习兴趣

学生的学习兴趣对学习的效果有很大影响。对于自己感兴趣的东西,学生往往有更多的学习求知欲和探索欲。因此,如果想要有效地提高学生的学习成绩,在教育中应该把引起学生兴趣作为课堂目标之一。情感教学有正向、积极的引导作用,即通过情感教学的方法,使学生不断地对某件事产生兴趣,从而有利于提高学生的认知能力。

(二)有利于学生内化知识

在学习中,学生的知识吸收度、消化度等都会对学习的实际效果产生影响。这就要求老师在讲课过程中,采取一些措施,精心引导学生吸纳和内化课堂知识。情感教学模式对系统性梳理内容、简化知识有帮助。

(三)有利于学生调动积极性

有研究显示,人的情感因素对行为和活动都有很大影响,这是人的本身情感因素。情感变化,人的行为和活动也会发生改变。学生有积极情感,学习的效率也会相应提高;相反,如果学生的情感状态不乐观积极,他们的学习效率会下降。采用感情教学的模式,可以充分激发学生对学习的求知欲和兴趣,在提升学生学习动力方面起到积极作用。

(四)有利于学生强化情感

情感的强度和性质在个体认知过程中起着决定性作用。如果情感的强度和性质都是合适的,那么就可以保持个人认知和行为的良好状态。情感教学是对个体情感的强度和性质有引导作用的一种教学方式,对于调整学生个人的情感有很大的作用。

(五)有利于教师发出信号

教师在教学过程中是一个重要的组成因素,对整个教学的效果有很大影响。教师的一句话在教学过程中,都会对学生的成绩产生直接和间接的影响。情感教学能借助于教师的行为指示,向学生发送具有针对性的教学信号,从而进一步促进教学信息的有效传递。

三、情感教学模式的原则

(一)寓教于乐原则

情感教学模式要遵循寓教于乐的原则,确保学生以快乐和积极的情感参与教学活动,英语老师应该注意把握教学活动整体氛围的变化,从而激发学生学习的积极性,使他们乐于接受和学习知识。需要指出的是,这一原则不意味着老师在全课中都要进行情感调节,而应把情感调节作为课程的切入点,引导学生从低层次的"外在乐"转向高级的"内在乐",最终促进学生的学习效果的提升。

(二)以情施教原则

情感的教学方式应该遵循以情施教的原则。在英语教学中,老师在讲课的过程中应注意将积极情感引入,实现情感与知识传授相结合,实现情感促进知识、感性与理性交融的教学效果。教师要注意使自己的情感保持愉快,只有这样,才能让学生处于愉快、积极正向的情绪中。教师也应注意对教学内容的情感处理,在课堂上达到"以情促知"的效果。

四、情感教学模式的实施方法

(一)提倡合作学习

合作学习是一种经常使用的英语语言教学方法。在合作学习中,班级分为几个合作小组,学生们以小组的形式进行英语学习。合作学习的关系表现为团队之间相互竞争,组内成员彼此合作,学生之间相互沟通交流,既有利于提高学生的自觉性、集体归属感,又能起到彼此监督的功能,还有利于学生之间、师生之间的良好学习氛围、人际关系。

将合作学习应用于英语语言教育中,有利于改善课堂气氛,提高团队成员参与程度,培养小组内部团队成员的协作意识,同时还能克服部分学生的抵触心理。合作学习也可以满足学生对认知和情感的需要,从而促进学生培养良好的学习情绪和态度。

合作学习能够调动学生的积极性,激发创造力,减轻学生在交际活动中可能出现的焦虑。这是由于每个学生都是小组的成员,他们都有团队荣誉感和归属感。此外,由于在合作学习期间有足够的时间,充分的沟通交流机会让学生在得到反馈后能够及时进行修正,使错误性大大减少,相应的焦虑也会有所降低。

(二)构建良好的师生关系

师生关系在情感教育中是非常重要的。英语教学的过程,不仅仅是老师传授知识、学生接受知识的过程,而且是师生感情和思想的交换过程。只有在教师和学生心理兼容、情感真挚之时,学生才能更加尊敬教师,也更容易地接受老师的教学内容。学生在一个轻松愉快的氛围下学习,才能保持积极情感,同时做到兴趣浓厚、思维清楚、反应灵活等等,这必定有利于获得知识。和谐的教师关系使学生在学习上即使遇到难题,也能积极地面对苦难,努力求解。要想建立良好的师生关系,老师可从以下几方面来做。

第一,完善个性。英语教师要具备内在魅力,要有负责、宽容、真诚、热情和幽默这些优秀的品质,才能使自己的性格更加完善。

第二,与学生平等对话。在高校英语课堂教学中,教师可以走到学生中间,与学生展开平等对话,拉近与学生的距离。

第三,多鼓励,少批评。在高校英语课堂教学上,教师应尽可能减少对学生的批评或指责,如果要批评,也应采取较委婉的方式,同时要及时表扬学生取得的每一点一滴的进步。

总之,良好的师生关系对促进教师、学生之间各种情感上的交流大有益处,从而可以营造和谐的学习氛围,激发广大学生对课堂学习的兴趣,调动广大学生对英语教师的信任感,最终可以促进课堂教学效果的不断提高。

(三)挖掘教材中的情感因素

英语教材包含了非常丰富的情感素材,教师应在教学上注意分析情感因素,使自己处于情景之中,并采用恰当的办法激发学生情感,使他们产生共鸣。

首先,教师应在备课过程中提前寻找显性的情感因素,这些因素在英语教材中是显性的。在课堂上的教学中,把这些整理过的情感因素向学生展示,从而让学生感受到情绪的冲击,这不仅对学生的学习有利,而且还能让他们受到相应情感因素的正面影响。

此外,教师应注意在课堂上使用合适的语言来传达教学内容中的感情。英语教师在上课前反复进行练习,以保持课堂语言的生动和有趣,在传达知识的过程中传递感情。同时,英语教师也不能忽略肢体语言的功用,在英语教学过程中,如果老师的肢体语言得当、表情自然,很容易激起学生对教育内容的情绪感知,从而更深刻地理解教育内容。

(四)合理渗透现实生活中的情感因素

英语是与实际生活密切相关的一门学科。英语教学的每一个环节,都体现出浓厚的人生色彩。因此,教师可以在英语教学中将现实生活中的各种情感因素合理地渗透到教学整体过程中,从而让学生能够在接近实际生活的氛围下进行学习,提高他们的学习效率。为了满足这个需要,英语教师可以采用"角色教学法",引导他们找到与现实生活有关的学习,与学习有关的生活。在实施角色教学法的过程中,教师可根据英语教材的具体内容,适当地给学生锻炼听力、口语的机会,使学生能够在练习英语时,真实感受到生活中的情感。

(五)面向全体学生,尊重差异性

在英语教学中,教师应对所有的学生一视同仁。高校学生在英语学习成绩、行为表现等层面存在一些差异,教师应尊重这些差异,特别是对学习中的后进生,多在英语课堂上对他们进行鼓励和激励,多提供机会让他们发言,多用褒奖的语言表扬他们,鼓励他们善于发现自己的优势。这有助于增加学生自信心,使他们逐渐摆脱自卑感,从而促进英语学习的发展。教师能够通过语言、表情等方式向学生传递鼓励、尊敬、信任等情感信号,使学生有积极的情感感受,激发他们潜在的情感动力。

第二节　分级教学模式

分级教学模式是指"根据学生的英语水平,将学生分为不同层次,针对各层次的学生确定不同的培养目标,制订不同的教学计划、教学方案和管理制度等,在教学中充分体现因材施教的原则和层次性的特点,目的是让每位学生都能在各自的起点上取得进步"。[①]

随着英语教学改革的继续推进,分级教学方式成了英语教学改革的必然方向。这种教学方式充分体现了以学生为中心的思想,对学生英语水平和教育效率的提高都起到了积极作用。

一、分级教学模式的概念

分级教学模式就是将学生分为不同的级别进行教学。在分级过程中,英语教师需要按照不同的标准,如学生的英语学习水平和英语学习潜能等进行教学。

分级教学模式在内容方面需要根据不同的教学目标、方案、内容、计划、方法、评估等因素进行设计,从而在教学过程中体现出一定的层次性与倾向性,使不同级别的学生都能在英语教学过程中得到一定的提升与进步。

值得提及的是,英语分级教学模式应该在因材施教、提高教学效果的基础上进行,教学要根据不同学生的实际情况进行策划,从而确定含有不同的培养目标和带有差异性的教学方案。这种分级性应该体现在教学的全部步骤中,从而切实让不同水平的学生都能有所发展。

---

①秦静:《大学英语分级教学模式刍议》,宜春学院学报,2010。

二、分级教学模式的优势

(一)有利于合理配备师资

分级教学模式有利于优化师资力量,使每位教师都有机会发挥自己的才华。一些具有丰富教学经验的英语教师比较擅长讲授基础的概念,可以将这些内容讲得生动、活泼,所以这些教师适合教初级班的学生。有的英语教师学术知识渊博,具备较强的授课能力,适合教授优化班的学生。

总之,由于分级教学模式在教学目标、教学计划、教学方法等诸多方面都有很大的不同,因而该教学模式有利于学生公平竞争、学习,也可以使学生平等地享受符合自身特点的优质教学资源。

(二)有利于发展学生的个性

长期来,我国的英语语言教学以"一刀切"为主,在这样的教学方式引导下,成绩优异的学生进行学习,有时会出现"吃不饱"的情况,而那些基本知识较弱的学生进行同样的知识学习时,往往会感到"消化不良",如此的教学模式不利于激发学生学习英语语言的兴趣和积极性。

分级教学模式根据不同级别制订教学方案和教学方法,注重因材施教,因此能很好地改变传统的教学方式存在的弊端。在英语语言教学中,实行分级的教育模式,可以将不同学生的英语水平纳入考虑,有针对性地制订教育计划,根据不同学生的英语水平,开展相应的英语教学内容。这种教学方式可以帮助学生把对英语语言学习的外部压力转变为内部的学习动力,也可以提高英语的学习效率,并能够提高学生的自主性。

(三)有利于提高教与学的积极性

分级教学模式倡导因材施教的思想,同时又隐含了优胜劣汰的竞争机制,这将使学生感到一种危机。在分级英语教学的模式中,为了避免被淘汰,学生常常会奋力拼搏,争取进入一级以上的班级,这有利于鼓励学生积极地使用英语,也有利于提高学生对英语语言学习的信心。

分级教学方式除了促进学生的积极性外,还有利于调动教师的积极性。与"一刀切"教学方式不同,分级教学的方法需要考虑到更多内容,如学生的需要、基本水平等,在此基础上,教师根据学生的水平制定了相应的英语教学目标和教学方案,从而激发了不同阶层的学生对学习的热情。此外,采用分级教学方式的老师不必考虑到兼顾性差的问题,从而把注意力转移到教学的内容上,这会对提高课堂效率做出相应贡献。

三、分级教学模式的原则

(一)因材施教原则

分级教学模式,即采用因材施教的原则,英语教师根据学生的差异来开展教学工作。每个学生都有其独特的性格特征,这就要求英语老师在实行分级教学方式时,应充分考虑到学生的差异性,要就具体情况进行分析,做到因材施教。

(二)循序渐进原则

分级教学模式还应注意循序渐进地展开英语教学。学生的认识是一个逐步积累、由量变到质变的过程,只有坚持循序渐进地进行,才能更好地理解与掌握知识与技能。分级教学模式就很好地体现了这一原则,即英语教师根据学生的知识体系逐渐进行教学,并选择适合学生的语言教学方法。

四、分级教学模式的实施方法

(一)科学分级

在实施分级教学模式时,首先要根据学生的英语语言基础水平与发展潜力进行科学分级,具体可以将学生分为三个级别:A 级、B 级、C 级。不同级别的学生的比例依据"两头小,中间大"的原则来划分。

C 级班的学生要具备较高的英语语言水平与能力。教师在教学中应注意进一步加强对学生听说能力的培养,在某个学期可开设诸如报刊文摘选读、英美诗歌等选修课,以满足学生对英语学习的需求。

B 级班的学生是基本掌握英语的语音、语法知识,但听说水平欠佳。教师在语言教学中可进行较为正常的教学进度,使学生的英语水平得到稳步提升。

C 级班和 B 级班以外的学生就是 A 级班的学生,他们对英语语音、语法的掌握不那么扎实,教师在课堂教学中应该适当降低教学的难度,注重对语音、语法、基础词汇方面的教学,从而夯实学生的英语基础。

(二)提高区分度

通常,分级是根据学生的高考英语成绩与自主命题的分数来进行区分的。自主命题的方式在很多高校都有运用,这样高考英语分数不再是分级的唯一标准,而是分级的一个参考。学生对自主命题考试比较重视,因此自主命题考试难免会存在误差,据此进行的分级也就具有一定的偶然性。在实施分级的过程中,为了提高区分度,可以考虑实行双向选择。以高考成绩为参考,对学生安排自主命题考试,同时结合学生意愿,在分具体级别之前做好分级教学的解释、安排、协调工作,让学生根据自身情况申请相应级别,最终结果由学校审定。

(三)贯彻好升降调整机制

所谓升降调整机制,是指根据自愿原则,在一定范围内对学生进行定期的调整,使学生的等级随着学习兴趣、成绩和能力的改变而不断提高。分级后安排进步的学生升级,安排退步学生进行级别降低。通过采取升降机制,既可激发学生对学习的热情和兴趣,又可促进学生坚持不懈地努力学习英语。

采用分级教学方式,班级等级不同,教学内容、教学形式和进度等方面也存在着许多差别,这给升降机制的施行造成了一些困难。为了更好地解决此问题,可以设立高级班,选拔英语优秀的学生,将其作为一种实验班固定不变,不实施升降机制。B级和A级之间可以实行升降机制,事前确定好升降比例和名额,每学期略微调整一次。这种方法科学合理,可以使不同级别的衔接顺滑又紧密。

(四)制定科学的评价标准

采用分级教学模式,还应注意制定科学的评价标准。为了更好地检测英语教学效果,对不同级别的学生进行测试,所采用的试卷的难度应有所区别,以确保所测试的成绩的合理性。分级教学模式有其自身的优势,但也有一些问题。

(1)在分级英语教学模式的指导下,个别学生会产生自卑心理,对英语学习的积极性不高。尤其是A级班的学生,他们可能会因被安排到"低层次"班级而产生自暴自弃的念头。如果学生对英语课堂教学的形式与学习氛围不满意,他们就会对语言学习失去兴趣,从而会影响教师的教学效果。

(2)在英语分级教学模式的指导下,英语教学班级中的学生来自不同专业、不同班级,这增加了对学生管理、排课、考勤的难度。一旦管理操作方式出现了问题,就可能导致学生旷课、缺勤等情况的发生,最终影响教学效果。

(3)在分级教学模式的指导下,一些教师考虑到教英语成绩不好的学生会使教学成效不高,并且这些学生对教师的考核评分也会产生一定的影响,所以不愿承担A级班的课程,纷纷争抢B级班、C级班的课程。还有一些学校直接将有资历、教学能力强的教师安排到C级班,将资历浅或新任教师安排到A级班,这必然会影响教师进行英语教学的积极性。

为了降低上述问题所造成的负面影响,就应积极探索并完善分级教学模式,制定科学且合理的制度规范,从而提高教学的有效性。

第三节 个性化教学模式

不同的学生在心理特征、精神风貌方面各不相同。英语语言教学应充分尊重学生的个性化特征与身心发展的客观规律,对不同学生进行区别对待。个性化教学模式就是在该理念指导下的一种新的教学手段。个性化英语教学模式是在教学中根据不同个体的差异性,选用不同的英语教学方法或途径,如可以是单独教学,可以是小组教学,也可以是班级教学,还可以将集中教学形式穿插使用,从而达到既定的培养目标。个性化英语教学模式在实施过程中,也应以英语教材为依托,以课堂为平台。其与普通英语教学模式的区别是这一教学模式为教师与学生提供了更大的个性展示空间。个性化教学模式是顺应新时代的新理念,该教学模式的实施对学生个性化发展以及素质教育的提高具有重要意义。

一、个性化教学模式的概念

个性化教学的英文有"individualized instruction""individualized teaching""personalize instruction"等。这些词含义相近,但也存在一定的差异。在《个性化教学》(*Individualized Teaching*)一书中,艾伦(Allan)对"individualized teaching"和"individualized instruction"两个术语做了区分。他认为,前者强调的是教学过程中师生之间、生生之间以及学生与学习资源之间的互动;后者则是要求学生按照自己的学习进度安排学习任务,学生也可参与制订自己的学习日程。

在英语教学中,教师需要以教学目标为根据,依托英语教材,在课堂上完成语言教学任务。个性化英语教学模式既是对传统英语教学模式的延伸,也是对它的升级、改革与创新,其对于学生个性化发展和素质提高有着积极的作用。

二、个性化教学模式的优势

(一)有利于提高学生的学习兴趣

个性化英语教学模式强调尊重学生主体,为学生的个体发展提供机会,使学生受到更多重视,在其指导下,可以使学生注意力集中,并提高学生的学习兴趣。与传统英语教学模式不同,采用个性化英语教学模式,教师在教学过程中重视师生、生生之间的互动,学生可以就遇到的问题提出疑问,教师也会及时解答,长此以往,则有利于提高学生的语言求知欲。

（二）有利于创建平等且和谐的教学课堂

个性化的英语教学模式打破了传统教学模式的局限，关注学生的主体地位，尊重学生的想法，强调师生互动，给学生提供了表现自己的机会，这有利于营造和谐的英语课堂气氛，构建平等且和谐的教学课堂。

（三）有利于培养个性化的人才

个性化的教学模式下，学生的个性发展与社会需求紧密结合，符合当前高速发展的社会对人才的要求。在英语教学进程中，教师通过采用个性化的教学模式，为学生创造出对个性发展有利的学习氛围，使学生充分发挥自身的优势，从而为以后的职业发展做好准备。

三、个性化教学模式的要求

（一）教学理念层面

个性化的英语教学模式应确保教学理念的个性化。英语教学理念的个性化并非标准英语教学，而应是内涵丰富、多样性的英语教学，是独具特色的教学方式。

（二）教学目的层面

个性化的教学模式要求目的的个性化。英语教学的目的应是培养个性化的人才，而非标准化的人才，教学应致力于呈现学生个性的一面，而不是"千人一面"，并同时培养学生的创新意识与创新能力。

（三）教学内容层面

个性化的教学模式在内容上的"个体化"主要体现为以下两点。

1. 个性的多样化与课程的选择性

根据个性的多样化，高校英语教师在英语教学中应尊重每一位学生的个体差异，以学习方式和经验为参照，塑造独特的学识、才能和价值观念。高校英语教学要充分发掘每个学生的潜力，充分发挥他们的特点，从而使他们能够尽其所长。这就需要建立一套完备的课程选修制度，让学生自行选择，以促进他们的个性发展。

2. 主体的参与性与课程的生成性

学生通过积极地参与实践活动而获取知识的意义是至关重要的。教学活动与课程是学生个性发展的实践性活动，在课程教学中，学生只有亲自参与实践才能获取知识的意义。就课程的生成而言，个性化教学模式应注意以下几个方面。

第一，建立选修课程，发展学生的独特个性。

第二,高校英语教材应该从"一纲一本"转变为"一纲多本",使教材满足不同学生的不同需要。

第三,英语课程知识应考虑学生的个性特点,可以通过图文并茂的形式来呈现知识,并实现多元化。

第四,课程应该保证分化与统整,并实现二者的紧密结合。

(四)教学方法层面

个性化的教学方式要做到方法的个性化,需要根据不同的学习对象与知识类型进行选择,具体可以考虑以下几种教学方法。

(1)有意义的发现学习。

(2)有意义的接受学习。

(3)情感体验学习。

(4)体悟—感悟—顿悟学习。

英语教师应熟悉和掌握以上相关方法的理论知识,并注意将理论运用于教学实践中。

(五)教学形式层面

在英语教学过程中,教师难免会遇到一些问题,如教什么、如何教、如何实现教学目标等。这些问题主要由学生的意向、兴趣、能力、经验、需求等决定。在具体的教学实践中,教师可以采取多种形式,如小组式、同伴式、合作学习、探究学习、自主学习等来完成教学。

(六)教学手段层面

个性化教学模式还要求教学手段的个性化,主要涉及教学中综合利用多种资源,如网络资源、计算机资源、社区资源、校园文化资源、广播电视资源等。这些资源对学生的个性化学习具有重要的辅助作用,英语教师要充分利用这些资源,这样有利于促进学生全面且自由的发展。

四、个性化教学模式的原则

(一)尊重学生的个性发展

尊重学生的个性发展是开展个性化教学模式的首要原则。伴随着我国英语教学改革的不断发展和推进,教学工作对学生的素质教育是十分重视的。素质教育和学生的个性发展之间关系非常密切。在高校英语教学中,教师应该注意个性化教学模式对学生个体素质的作用。一般来说,尊重学生的个性发展要做到如下几点。

1.个性是素质教育的重要出发点

由于我国社会在不断发展,国际之间交往日益频繁,社会对英语人才的需求也逐渐扩大。作为输送英语人才的渠道,高校英语教学如何才能在当前教育制度下培养出更多优秀的人才,这成为当前针对非英语专业的高校英语教学的一大难题。

社会对人才需求的多样性仅仅依靠传统英语教学是很难完成的。个性化的英语教学模式弥补了这一点,其要求从学生的个性特点出发展开教学工作,以推动学生个性、能力的发展。因此,英语教育必须要尊重学生的主动精神和个性特征,将学生的智力与潜能开发出来,培养学生的个性,只有这样才能满足社会发展的需求,并最终提升学生的素质。

2.个性倾向影响个体的素质发展

人的个性倾向对个体素质有巨大影响,这也是人类开展活动的内部驱动力,个性倾向主要包含动机、需求、态度、兴趣、理想、爱好、价值观、信仰等层面,这些个性化的因素会对学生的英语素质产生如下影响。

第一,理想与信念是个体前进与发展的动力。无论是在英语学习中,还是在生活中,理想和信念都有助于推动学生的前进,并促进学生采用积极的心态去追求自己的理想。这种积极性有着极大的推动作用,对理想与信念的达成有重大意义。

第二,动机是个体素质发展的正向刺激要素,能够激发学生去采取行动。在学生英语素养培养的过程中,动机能够引导和强化学生的行动。

第三,需求是学生动机的诱因,有了需求的驱使,才会有动机。在个性化的教学过程中教师需要将自身的引导作用发挥出来,让学生了解自身努力的方向和内在需求,从而使学生提升英语技能。

第四,学生个体的兴趣和爱好也有助于将学生的求知欲激发出来,从而产生对事物探索的欲望。在这种欲望的驱使之下,学生会主动寻求答案。在英语学习过程中,有强烈求知欲的学生会有卓越的英语成绩。

(二)尊重学生的主体地位

学生是个性化教学的主体,教师要尊重学生的主体地位,这在个性化教学中有着重大作用。按照这一原则来展开教学,就要求教师在教学安排与设计上讲究以学生为本,与学生进行平等对话,并且展开积极的合作。

尊重学生的主体地位能够让学生感受到自己受到了尊重,从而不断提升自己对英语学习的主动性和积极性,进而达到教师预期的英语教学效果。具体而言,尊重学生的主体地位主要表现为如下三点。

（1）老师要让学生知道自己的主体地位，要注意培养他们的自主性、自我管理能力，引导学生主动、积极地参与自己的学习活动，并教授他们一些进行主动思维的技巧，让他们能够主动地参加学习。

（2）在教学安排和设计上，教师应该将学生的实际特点考虑进去，在英语教学材料的选择和甄别上也应该从学生的自身爱好出发。

（3）教师在英语教学的步骤设计中也应该考虑学生的需求，教学活动应该以学生为中心，以学生的需求为依据。

尊重学生的主体地位是展开个性化教学模式的关键，教师只有充分将学生的个性差异发挥出来，才能不断提升学生的综合素质。

（三）尊重学生的自尊心

尊重学生的自尊心对于个性化教学模式的实施大有裨益。自尊心往往带有渗透性，会对人类的行为模式产生直接影响。当一个人不具备自信心、自尊心，并且对自己不了解的时候，就无法利用自己的情感、认知等进行学习、展开学习任务。

由于具有自尊心，个体能够表达赞同或者反对的态度，从而表现出自身的意义、能力、价值等。在个性化教学模式的实施中，对学生自尊心的尊重对于教学和学习有着重要的意义。具体而言，高校英语教师应该将学生自身的语言优势发挥出来，对于学生的缺点也要有包容的姿态，用肯定的、积极的态度展开教学工作，从而推动学生英语能力的提升。

五、个性化教学模式的实施方法

（一）转变传统教学观念

教师是个性化教学方式的引导者与实施者。教师们应该彻底摒弃我们传统的教师主导理念，重新认识自己在课堂中的作用，从而重新建立属于学生的学习主体地位，具体从以下几点角度入手：

（1）教法与学法并重，都不能忽视，只有把两者相互结合，才能提高课堂教学的效率，提升课堂教学的效果。

（2）老师应改变传统的以教授为主体的教学理念，扮演指导人的角色，突出学生主体地位。

（3）加强师生之间、生生之间的交流，使课堂中的问题通过交流来得到有效解决。

（二）制定差异性目标

采用个性化的教学方式，要求老师在备课时根据学生的兴趣、思想和意识方面的不同,在准确地把握教材的基础上,制定出有差别性的教学目标。具体地说,教师应该从以下两方面进行分析。

(1)对每节英语课的教学内容进行分析,制定共同目标,确保每位学生都可以达到这一目标,同时确定本节课的拓展方向,为学有余力的学生制定更高级别的目标。

(2)对学生进行分析,了解每位学生特有的语言优势、语言兴趣,了解他们的不同需求以及特征,了解语言学习存在困难的学生的基础与本节课起点所应具备的基础之间存在的差距。只有确保课堂英语教学活动与语言教学方式灵活多样,才能激发更多学生积极参与到课堂活动中。

高校英语教师的语言教学设计中应具有共同的基础内容、延伸内容以及预备内容,并且可以有学生个人活动,也可以有小组讨论,还可以有实践性活动及各种各样结合学生专业的创新性活动等。合理设置差异性的目标,满足不同学生的需求,让不同学生都能体验到英语学习的乐趣,享受进步与成功的喜悦,从而增强学生的英语学习动力,增加学生的英语学习兴趣。

(三)发挥多媒体的优势

众所周知,兴趣是最好的教师,学生对语言是否有兴趣会对语言学习效果产生巨大影响。实施个性化的教学方式,可以将多媒体引入高校英语教学中,从而激发学生对英语语言学习的兴趣。多媒体与个性化教学方式结合起来的方法有很多,例如可以请学生给英文戏剧、电影配音,可以让学生观看与课文内容相关的英文电影片段等,从而激发学生学习英语的主动性,使学生的个性发展空间得到扩展与延伸。

(四)建立有效的个性化评价体系

个性化的教学方式强调评价对于教学过程的意义。个性化教学模式要求教师在进行评价时,应尊重学生的个体差异,同时要根据学生的基础与个性的改变做出相应的调整。此外,在评价过程中,教师应注意坚持激励性原则,充分发掘每位学生的个性潜能。

个性化的教学模式具有传统教学所不能比拟的优势。将个性化教学融入高校英语教学中,应该充分发挥学生的课堂主体作用,并采取多种方法来激发学生的学习兴趣,最终将提高学生的自主学习能力,提升高校英语教学的整体质量。

第五章

加强教师自身素质建设是外语教学改革的关键

教育是国之本,教师的质量对于教育质量来说是关键要素之一。因此,应该注重对高校英语教师专业素质的提升。随着教育改革的不断深化与推进,社会对高校英语教师专业化程度的要求不断提高。因此,在当今的时代,高校英语教育领域还必须注重对英语教师素质的提升。

第一节　高校英语教师的专业素质

一、职业素质

职业素质是一名教师应具备的基本的行为操守与道德品行,也是教师在教学过程中调控与国家、社会、学生之间的关系所应该遵循的道德意识、规范、情操的综合。无论现在的教学方式和教育形态如何变化,老师的职业素质是不会改变的。在英语教育中,学生会遇到种种问题,这就要求教师具备很好的道德修养,有足够的耐心和责任心,要关注学生的发展,帮助他们答疑解惑。教师的良好职业素质表现在能够循循善诱、宽厚待人,对学生的身心健康给予很好的关注。教师要了解学生的心理特点,帮助他们树立正确的人生理念和生活观,建立积极健康的心态。

随着社会的发展,当今的学生往往受到虚拟环境的影响,接收大量的信息,所以心灵常常受到冲击和考验。同时,因为高校学生具有个性化、多样化的特点,所以他们特别注重体验,追求平等、个性等,这在一定程度上产生了一些问题。

因此,教师应注重对学生品德的培养,经常与学生沟通,了解学生的心理变化;也可以为学生推荐一些必读物,让他们更广泛地参与校园活动,帮助他们树立正确的人生目标,为他们与其他同学的友好相处作准备。

二、教学素质

(一)扎实的专业水准和知识储备

英语教师应该具备扎实的专业水准和知识储备,即语言基本功。语言基本功具体是指教师能够驾驭和把握英语语言知识和语言技能,可以得心应手地运用英语这门语言进行授课,这也是对英语教师最基本的素质要求。

就当前的英语教学情况看,教师最重要的专业素质就是要有较强的口语表达能力及写作能力。因为英语教师与学生主要是通过文字与声音来交流的,如果教师表达得清晰,那么就可能与学生进行很好的沟通。应该说,语言丰富多彩、文字表达准确且流畅是教师的必备素质。另外,教师应培养学生的批判性思维能力,激发学生使用英语语言的兴趣,并让学生在学习过程中也能感悟人生。

除了具备基本的知识,教师还应拥有运用现有知识和技能来学习其他信息、其他知识的能力。因为课堂上很多问题的讨论都具有开放性,既不能预测,也不能设定结果。也就是说,教师和学生站在同一起点上。如果教师没有足够多的知识储备,那么就很难引领学生进入下一阶段的学习,也无法在学生面前展示出教师的形象。

(二)丰富的教学方法

当今英语教师的角色发生了很大变化,英语教师主要扮演的是教学设计者、学生学习的引导者,学生是任务的操作者、实践者,所以教师的教学方法要有所改变。当今,教师不应仅仅采用单一的教学法,而应借助其他教学法对教学内容进行演示。例如,教师在多媒体网络辅导下进行英语教学,可以将课堂形式、个人自学和任何形式相结合,随时了解学生的学习状况,同时学生也可选择适合自己的学习方式和内容。此外,教师还可以对传统教学法进行优化,使用多种多样、各具特色的教学方法,如暗示、合作、案例教学法,启发教学法等,加强这些教学法的合理使用,能弥补传统教学法的缺陷,从而增加学生对英语的学习兴趣,最终提升整个英语教学的效果。

(三)新颖的教育理念

通过研究当今英语教学,可以知道英语的学习方式是,在一定社会文化的背景下,学生利用他人的协助,利用其他学习材料,以某些形式获得英语教学资料。语言能力这一新的教育概念需要老师以学生为中心,教师的职责是指导学生,参与到学生交流中。事实上,学生和教师都是教育的主体,即教师担负着教育的主要任务,学生则担负着学习的主要任务,因此,互动教育的主要理念并没有抛弃教师的含义,而是更注意教师对学生的监督与管理。也就是说,教师的作用要比学生更重要。在课前,教师应收集相关的教学资料,设计与主题有关的课堂题目,并提前为学生安排任务,鼓励他们积极参与。

（四）创造性思维

思维的最高意识形态也就是具有创造性的思维。创造性的思维应该是用新的科学方法、新的科技手段来重新解决旧的问题。其特点如下：

第一，独特性，可以打破常规，从独特的角度发现和解决问题。

第二，多向性，包含发散性思维与聚合性思维。

第三，综合性，可以通过综合分析、归纳，抓住事物的主要矛盾和矛盾的主要方面。

第四，发展性，对事物的发展应该具有预见性，从而推动事物的发展。

如今，英语教师应利用各种教学资源开展教育创新和科研工作。独特性思维需要教师对中英文的信息与资源有足够的掌握，以便设计出个性化的教学模式和方法。多向性思维要求教师具备对教学资源进行归纳的能力，从而优化自己的教学效果。综合性思维就是教师将英语学科与科学技术整合的能力，将科学技术最大化地运用到英语教学中。发展性思维要求教师的眼光具有前瞻性，能够跟随技术发展预测教学的发展前景。

（五）驾驭教材的能力

高校英语老师的教育素养也包括与教材相匹配的能力。英语老师应当是教材的主角，包括评价教材和使用教材能力的能力。首先，教师要对教材的优劣做出基本评价。英语学习一般需要大量教材内容，除了必修的英语教材之外，还应该为学生挑选一种或多个辅助学习教材。其次，教师要合理使用教材。具体地说，教师要做到下列几点：

第一，适当补充或删减教材的内容。

第二，巧妙替换教学内容和活动。

第三，拓展教学内容或活动步骤。

第四，调整教学顺序。

第五，调整教学方法。

第六，总结教材使用情况。

（六）语言文化素质

文化素质是人在文化上具有的较为稳定、内在性的基本特质，表明人类在这些知识和与之适应的能力、行为、感情等综合方面具有较高的素养和水平等。文化素质主要包括以下几个方面：知识视野，文化品位，审美情趣，思想观念，道德修养，规则意识,生命观,世界观,人生观,价值观,发展观,情感态度,人文思想,胸怀境界等。

当今正是多元文化相互融合的大时代,所以高校英语老师也要具备一定的文化水平与素养。事实上,我国高校英语教学中一直存在着过于重视语言知识的讲解,忽视交际与文化知识的传授等问题。导致此种现状的主要原因是大多数高校英语老师英语文化素养有待提升。大多数英语教师只是把一些句子输出,只要这句子符合语法意义并且意思准确即可,实际上这些句子不一定符合英语本土人士的习惯表达,也很难在交际中使用。为了解决这些问题,提高学生的英语学习效率,英语教师必须首先提高他们的文化意识和文化素质,把文化教学与基础知识教学相结合,进行听、说、写和翻译的教育。这不仅可以提高学生对英语的兴趣,也有助于课堂氛围的活跃,促进学生消化和吸收知识,帮助学生积累文化知识,进而更准确地运用英语来进行跨文化交流。具体地说,英语老师的文化意识和文化素质主要包括以下几方面:

第一,既能用开放的眼光看待外国文化,又能够吸纳外国文化中优秀的部分。

第二,对中西方文化都有充分的认识,了解中西方文化中思维方式、价值观念、交际规范、词语文化意义等方面的差异。

第三,能够正确预测英语文化中的交际行为,避免文化冲突,指导学生顺利地开展跨文化交际。

第四,要具有文化批判思维,能够辩证地看待母语文化和英语文化。

此外,在高校英语语言教学中教师还应处理好以下四种关系。

(1)英语语言教学与英语文化教学。英语语言的文化内涵被越来越多的人所重视,而且人们也逐渐意识到在高校外语教学中文化素质培养的重要性。因此,人们对英语语言教学与文化教学之间的关系也进行了研究与讨论。关于这个问题的探讨主要有三点:文化教学属于语言教学,文化与语言教学是同时开展的,文化与语言教学是融合在一起的。尽管有三种不同的观点,但它们之间仍有共同之处,即外语教学必须有对文化内涵的研究。

众所周知,语言的结构规则是通过实践语言的交际规则来总结的,而语言交际规则是通过社会的文化活动来完成的。如果没有掌握语言结构的规律,交际也就不能正确进行;如果文化的内容缺失,那么就无法进行有意义的交际。根据这种观点和学生学习状况,在高校英语教学中,老师应该重视对文化因素的教学,把英语语言教学和文化教学相结合,使文化教学为英语语言教学服务,但不能替代语言教学。因此,英语教学要在基本语言教学中融入文化教学,语法和听、说、读、写、翻译的知识传授与文化因素讲解并重。在文化教学中,要遵守实践和交际原则,同时要有系统性,不能盲目引入文化知识,否则就不能达到文化教学推动语言教学的目标。

(2)母语文化与文化教学。虽然我们重视在英语语言教学中融入文化教学,促使学生了解一定的西方文化知识,但教师必须注意:不能误导学生不假思索地接受西方文化,盲目模仿、崇拜西方文化,而抛弃中国传统文化。中国传统文化与西方文化只是在一些方面存在差异,并无优劣之分,所以英语教师在教授英美文化的同时要提醒学生关注我国文化,加强传统文化的学习;在讲授欧美文化的基础上增加含有中国文化的语料,做到欧美文化与母语文化的有机结合。所选择的文章或者语料要么具有中国背景,要么是中国人写的文章,要么是外国人对中国的友好评论,以使文化教学呈现多样性,这样才能使学生深入了解英语和汉语两种语言所承载的文化差异。

(3)文化共性与文化差异。人类的语言反映的是同一种客观世界,因此人类的文化具有共同性,不同语言也是文化的一部分,具有共同性。也正是这一共性使人们能够有目的地进行交流,使不同文化信息能够等值地传递。因此,在教学过程中,英语教师应充分发挥母语优势,让学生把握英汉文化和语言方面的共同特点,从而充分发挥文化因素的作用,使文化教学为英语语言教学服务。但是,需要指出的是,对客观世界的叙述,每种语言各有千秋,而语言的生命力在于其不能被另一语言代替。通过语言的异质,不同的国家文化得到了充分的体现,因此,尽管不同文化有很多共性存在,但它们的共性不能代表差异,而且阻碍交际顺利进行的正是不同文化和不同语言中的差异之处。教师在英语语言教学中要向学生讲解中国与西方文化之间的差异,并培养学生对英汉文化差异的意识。

(4)课堂教学与课外自学。从教学实践的角度看,学生在课堂上所花的时间有限,在这段时间内,学生要同时学习语言和文化知识,因此,学生所能掌握的语言和文化内容一定是有限的,而且英美文化自身也复杂又广泛,只靠教师在课堂上完成文化的教学就很难了。这就要求学生通过课外的自学来提高他们的文化意识。课外活动十分丰富,教师可利用课外的时间组织学生多种形式地进行活动,增加他们的知识,培养他们的文化意识,如教师鼓励他们在课外阅读英文报纸,并上网查询相关西方文化知识,使他们积累英语国家的文化知识,进而为学生未来真实地进行跨文化交往奠定基础。

三、信息素质

"信息素质"这一概念最早是由美国信息产业协会的主席保罗·泽考斯基于1974年提出的。保罗·泽考斯基认为,如果一个人具有高水平的信息素质,他就能获得完整的和精确的信息,确定信息的需求,形成基于这些需求的问题;确定潜在的信息源,从而为这些信息制订成功的搜索方法;具有获取、组织、使用、评价信息的能力。因此,英语老师也要具备这一素质,使自己的知识朝着多元化方向发展。

大量实践表明,高校英语教师要想提高教学质量,必须掌握一定的现代教育技术和较高的信息素质。具体来说,高校英语教师的信息素质体现在如下几个方面。

(1)具备了解最新动态、及时捕捉前沿信息的能力。

(2)具备较强的信息运用和创造能力,这是英语教师与其他职业从事者在信息素质上的明显区别。

(3)具备强大的信息获取、存储、加工、选择、更新、创新的能力,这是教师具备高水平信息素质的关键。由于各类信息的复杂性,英语教师需要对相关有价值的信息进行判断,并且要可以对这些信息进行相应地加工和利用。

(4)具备良好的信息意识,能够从复杂的信息结构中捕捉到有效的信息,从而把握英语这门学科的动向。同时,教师还要能够抓住学生的信息,对他们的心态有一个基本的把握,从而为学生的健康发展奠定基础。

四、科研素质

理论源于实践,高校英语教学中的理论也源于大量科研成果。反过来,科研实践也是对科研理论进行检验的基础。因此,英语教学理论和实践要结合在一起,因为高校英语教学实践要求科研理论的指导,而新科研理论则产生在英语教学实践中,它们相互推动、互补,共同发展。

英语教师的科研素质具体体现在两个方面。首先,高校英语教师应具备科学的研究方法,如教学实验法、问卷调查法、访谈法、文献法、个案研究法等。但是,在教学实践中,教师应从自身的需要出发,选择与自己相符合的研究方法。其次,英语教师应具备信息加工、网络搜索、信息反馈等科研能力。

第二节 高校英语教师专业素质的发展路径

一、提高教师的专业引领能力

(一)专业引领的具体要求

1.充分发挥科研专家和骨干教师的积极性和能动性

不同的领军者,在教育方面有不同的侧重。科研家注重教育理论,把科研理论和实践紧密结合起来。高校的骨干教师注重教学实践,重视具体的实际的教育活动。然而,不管是科学专家还是骨干老师,都必须有较高的专业引领能力,既可以在理论上进行专门指导,又可以在教学实践中提供帮助,从而有效地进行教学工作。被领导的教师应主动配合科学研究人员、骨干老师的工作,认真聆听他们的观点,反思自身的教学活动,从而提高自己的综合性教育素养。

2.目标明确、内容正确、方法恰当

发展高校英语教师专业素质的总体目标是教师能掌握新知识、新信息,并且可以运用这些新知识、新信息提高专业素质。然而,由于高校英语教师存在个体上的差异,在水平上与专业发展方向上有很大不同。因此,在进行专业引领时,应该从不同英语教师的实际情况出发,制定科学、合理的目标,还要选择具有很强针对性的内容和方法来引领,从而实现引领的有效性和合理性。

(二)专业引领的基本手段

1.阐释教学理念

从一定程度上讲,教学理念会对英语教学行为产生影响和制约。在专业引领过程中,可以引导教师掌握一些先进的教育思想,如组织英语教师参加学术报告、知识讲座等。

2.共同拟定教学方案

教师掌握了先进的教学理念后,专业引领者应与高校英语教师共同研讨先进的英语教学方案。在此过程中,专业引领者不仅应起到引领的作用,而且要对教师的教学设计给予一定指导,从而使英语教师的教学设计更加合理,使教学活动更具独特性。英语教师要在专业引领者的指导下,顺利地制订出与英语教学理念相符的教学方案,并且可以在具体的教学活动中实施。

3.指导教学实践

当设计好教学方案之后,就要对其展开实施,即将具体的教学方案应用到实际的教学活动中,以便验证教学设计与方法。在验证过程中,专业引领者应参与到教师的教学活动中,关注和记录教师的教学行为,根据记录对教学方案和具体的实施进行对比,从而找出二者的差距。当教学实践结束后,英语教师与专业引领者应共同分析与探讨,对教学方案进行进一步的修订,从而使教学进程与教学设计都得到改进。

二、重视教学实践

要提高高校英语老师的职业素质,实践是重要的一个环节。为了提高老师的实践能力,应将教师的教学能力与日常授课联系在一起。只有在日常实践中,教师和学生才能共同发展起来。要培养老师的教学实践能力,应注意以下几点。

(1)在高校英语课堂上,教师通常会对课堂起着直接的影响作用,这不是外在因素所能够减弱的,他们决定着学生的学业表现是否能够提高,综合英语素质是否能够得到锻炼。

(2)在高校英语课堂上,学生扮演的是学习者的角色,而英语教师扮演的也是学习者的角色,所以应该共同提高二者的能力。

(3)根据课堂教育与发展这一理念,教师应该将课堂场景与社会紧密联系起来,实现英语教育、社会、个人三者结合发展。

三、开展校企合作

校企合作就是学校与企业之间的合作。在教育领域,校企合作就是对教育活动、改革发展情况等规律的整合和揭示。在著名学者杜威看来,学校就是社会,而教育就是生活经历,学校是社会生活的一个重要形式。因此,从杜威的观点中可以看出校企合作途径是学校与企业为了实现各自的目的,而建立的一种合作共同体。其构建的目的是实现产品研究、技术开发、教育培训、学习者培训、社会服务等。从高校英语教师的发展层面上看,校企合作途径有两个基本观念。

(1)高校英语教师的发展需要从系统的观念和全局来进行设计,从而实现整体化的改革,这不是在学校内部就可以解决的。

(2)要想保证高校英语教师能够真正实现全面、综合性发展,首先需要提供一个开放、自然的生态环境。

在具体的实践中,校企合作途径要想使高校和企业能够构建出符合要求的高素质的专业教师队伍,需要让高校英语教师深入企业,进行亲身体验与实践。在企业中,英语教师可以从深层次感受企业文化,从而树立市场观、价值观,并且教师要明确自己的教学目标,提高自己的教学技能。

四、组织同伴观摩

同伴观摩就是同专业的同事之间互相进行课堂倾听。在开展这类活动时,听课的高校教师应该保持坦率、真正的态度,关注任课教师的教学行为,而不是仅对任课教师进行评价,从而既推动着任课教师的发展,也对自己的课堂教学有着一定的借鉴。进行同伴观摩之前,任课教师与其他观摩教师应就该课堂的教学环节、教学问题展开分析和商讨,而后决定采用何种观摩形式,并在观摩结束之后,教师之间要对观摩的结果进行总结。通常,同伴观摩的方式对英语教师专业能力的发展有着重要作用。

(1)同伴观摩对观摩者与被观摩者都具有重要意义。同伴观摩需要任课教师与听课教师的共同参与、共同合作。对于观摩者来说,他们观摩的是同伴的教学策略、教学实践、教学效果等方面,从而找出其教学的优缺点,并将好的层面运用到自己的教学实践中。对于被观摩者来说,他们可以通过观摩者给予的建议对自己的教学活动加以总结,进而不断改进教学过程,获得更好的教学效果。

(2)同伴观摩可以避免评估观摩模式与监督观摩模式带来的不利影响。一般情况下,监督观摩模式带有浓重的监督和评估色彩,且他们对于任课教师的评估往往存在较大的主观性与规定性,这极大地影响着任课教师的心情和教学展示效果。相比之下,同伴观摩就不会出现这一情况,因为他们的地位和身份比较接近,因此进行观摩是非常容易的和合理的,从而可以促进高校英语教师的教学发展。

总而言之,同伴观摩的方式为英语教师专业能力的提升提供了一个平台,并推动着英语教师向着更高层次的水平迈进。

五、加强教学反思

杜威认为,反思是"对于任何信念或假设的知识进行主动的、持久的和周密的思考"。1983 年,舍恩(Schon)提出"反思性教学"这一术语,并指出反思性教学是教师从自己的教学经验中进行学习的过程。通过反思教学,教师能反思自己的课堂行为,对自身的教学活动、决定进行分析,并对其产生的结果进行反思和分析,然后采取对策。教师的反思就是立足于自我批评和观察,来发现教学中存在的不足,改革自己的教学行为不端。同时,通过对这些问题进行科学、系统的分析和研究,能提高教学品质、教学水平和自身的素养。

(一) 教学反思的主要内容

教师在开展反思性教学之前,应明确反思的内容。具体而言,教学反思的内容主要涉及以下几个方面。

1. 教学理念

理论是行为的指导,在成熟的理论指引下进行的教学活动更容易实现预期效果。在反思教学过程中,英语老师应该反思他们的教育观念,用先进理论来武装自己,按照多元社会的需要转变教育观念,扫除自己的思想障碍。

2. 教学角色

高校内的英语教师作为英语语言教学活动的主导者,应做好课前、中、后的教学管理工作。高校英语教师应该突出学生的课堂主体地位,培养学生的英语综合能力,同时注意培养学生养成自主学习习惯,引导学生树立合理的目标,激发学生学习的积极性,提高学生的自主学习能力。

3. 教学方法

先进的教学理念如何在高校的英语教学中体现出来,需要教师对教法进行反思。作为课程设计者、课堂管理者以及学生学习成果的评估者,教师应对教学方式进行反思,并在随后的教学中进行改进。

4. 教学效果

教师的教学效果有好坏之分。如果教学效果好,英语教师可以总结成功教学经验,并与其他人分享心得体会;如果教学效果不好,任课教师则更需要反思,找出问题所在,从而进一步完善教学方法。

在对教学效果进行反思时,英语教师应注意如下几个方面。

(1)积累丰富的经验,善于发现问题。

(2)对问题进行观察和分析,找出问题存在的根源。

(3)重新审视教学方法和教学策略。

(4)用实践进行检验,用实践来证明反思的效果。

（二）反思性教学的具体实施

反思性教学通常包括如下几个步骤。

1.教学前反思

反思性教学的基础就是教学前反思。英语教师要具备英语教学模式、教学方法等方面的知识，应不断更新教学理念，努力提高英语教学的效果，制订合理的英语教学计划，考虑一切可能的项目。

2.教学中反思

教学中反思就是反思教学的具体实施。教师既要展开具体的英语教学活动，又要注意监控自己的英语教学过程，从而获取反思与提高教学效果所必备的资料与相关信息。教学反思的具体手段有问卷调查、行动研究、案例分析等。

3.教学后反思

在教学后的反思阶段，教师应根据教学中所有条件的变化对自己的教学行为加以调整，通过监控教学效果与个人反思，使教学过程更清晰。因此，在教学后的反思阶段，要确保目标明确，以便英语教师的教学技能真正得以提升。

4.建构教学行为反思的连续体

英语教师与英语教学的发展都是持续进行的。因此，反思性教学也需要持续进行，而不是一两次的课堂行为。从教学前的准备到最后的提高阶段，这几个阶段紧密相连、相互促进，并共同构成了反思性教学系统。

六、完善激励机制

（一）激励教师的常见措施

根据人类积极性的发展规律，调动教师积极性的措施是：激发和满足他们正当、合理的需求，提高教师的思想觉悟，为其创造良好的、富有激励性的环境。具体来说，激励教师的措施包含如下几点。

（1）奖励包括两种形式的物质和精神奖励。其中，物质奖励是现代社会员工最常用的一种激励方法，常用的手段是增加工资，发放奖金。精神奖赏主要是通过不同形式的赞颂或给予某种荣誉来鼓舞人们。

（2）思想工作，主要是通过宣传教育、举行座谈会、个别交流思想等方式，激发高校教师的责任感和事业心。

（3）培训，是给个人提供各种学习、锻炼的机会，是一种有效的激励方式。

（4）民主管理，主要指鼓励教师参加学校的管理工作，以及鼓励教师进行有关管理工作的研究和讨论。

（二）建立综合性激励机制

综合激励机制是指在遵循教育管理的规律和激励理论的基础上，运用一定的激励原则、规则、方法和手段，动态而持久地激发教师的工作积极性和主体意识的过程。这里的"综合"主要有以下几层含义。

（1）针对个体的整个发展阶段，根据其需要的变化而采用不同的激励手段和机制。

（2）在一定的时期内根据不同教师的差异和社会背景，采用不同而有效的激励策略。

（3）根据教师成长和发展的实际水平和学校发展的需要，采用不同的激励方式。

（4）激励制度应从整个高校教育体系的整体性和系统性考虑，以使激励机制真正发挥实效。

第 六 章

教师角色的转变对
教学改革的作用

第一节　高校英语教师角色转变的必然性

随着我国科技活动的国际化和国际交往活动愈来愈频繁,英语成为重要的沟通交流工具。这对高校人才培养也提出了"量"和"质"的全新要求。而高校扩招使教师资源明显短缺,而多媒体作为现代化外语辅助教学手段对提高高校英语教学的效率和效果起到了重要作用,这就要求教师掌握网络知识,更新知识,跟上时代的发展。在改革中,教师不再是传统的教学中心,重心从"教"转变为"学",教学关系已发生明显的变化。

一、教师角色转变及心理障碍

传统高校英语教学模式一直遵循以教师为主的原则,衡量外语教学效果的重要标志就是高校外语教师是否认真备课,讲课内容是否丰富、有条理,是一种程式化教学;教学过程中,高校外语教师扮演着积极主动的角色,讲解多、运用少,偏向"填鸭式"教学,忽略学生语言学习主动性的发挥;学生忙于记笔记,机械地跟随教师的思路走,没有参与交际的机会,课堂气氛枯燥;学生的英语学习内容还常常与四、六级考试挂钩,侧重阅读写作,忽视口语,使学生语言运用能力偏低。可以说,传统模式下的高校英语教学导致的后果就是束缚了学生语言学习潜能的发挥。这样的教学模式偏重教学的方法,忽视教学的策略,忽视学生的心理过程,必然导致学生的学习效率低下,自主性不高。

随着教学改革的推进,高校英语教师的角色已经发生了本质的变化,高校英语课堂由以前教师的"讲",变成现在学生的"学"。有部分教师感慨:现在上课都不知道讲什么了,既然什么都让学生来做,还要教师干什么呢? 由于习惯了以往的角色,很多高校英语老师对新环境中自身的定位感到迷茫、畏惧。虽然传统的高校英语教学方法饱受诟病,但真正去改革的时候,却又让人有些许留恋,毕竟相对于不确定的前景,大家更倾向安于现状。高校英语教师转换角色的心理障碍就是:感觉自己在新教学环境下作用不大了,认为自己的工作被学生和机器取代,产生了一种危机感。教师之所以有此想法,主要就是没有能够在新环境中给自己合理的定位,没有找到自己的正确坐标。因此,有必要探讨在教改模式下教师职能的转变。

二、教师角色转变的必然性

(一)新课程的教学要求

《大学英语课程教学要求》(下称《课程要求》)经过反复的研讨与试行已于2007年正式颁布,这是高校英语课程的目标和方向性纲领。该文件在教学目标、内容、方法、模式、手段、考评及水平定位等方面都做了较大的改革。例如,提高了对英语听说交际能力的要求,提出了实施基于计算机和网络的教学模式,强调了培养大学生英语综合应用能力等。教师面临的压力是有待学习和发展课堂人际教学需要的交际能力、交际活动的组织管理能力、基于计算机和网络的应用能力以及网络监控能力。

(二)学生基础水平提高后的要求

随着中小学英语课程标准的改革、实施及高考英语改革所起的导向作用,高校学生的英语水平起点有了提高。此外,中小学生接触英语的环境和条件逐渐提高,他们对大学阶段英语教法的要求开始变化。传统的讲授型和单一性高校英语语言教学模式和方法已经落伍。习惯了长期形成的教学方法定式的高校英语教师遇到了角色转型的挑战。

(三)教师教学考核标准提高的要求

随着高校外语教育理念和方法论的现代化,高校人事制度的改革,高校对英语教师的教学考核标准发生变化。考核内容除了常规的教学工作量以外,还涉及教法、测验与试卷的规范化、学生评教、教师对学生自主学习的监控实施状况、教研成果等。这样全面综合的教学考核与收入、职称、岗位挂钩,迫使高校英语教师更新理念、改进教法、做到保质保量、学生满意、效果显著。这些无疑挑战了英语教师在教学、设计、技术等方面的能力。

三、英语教学改革中教师必备的教学理念

（一）牢记"学好语言学是上好英语课的前提之一"的教学理念

许多高校的英语老师忽略了语言学的重要性，片面地认为只是一种拗口的纯理论，对高校的英语教学来说作用甚小。但是，当学生遇到某些难以解释的语言现象时，语言学中的相关知识可能会给出合理的正确解释。作为一名高校英语老师，在明确语言和社会、文化语境、语言和文体的关系之后，将逐渐改变"见树不见林"这一片面的教学观念，在关注语言自身的同时，以一个开阔的视角关注其他与语言相关的方面，进而完全把语言学习放在一个动态的交际空间里，让语言鲜活、活泼起来。许多学生在达到一定水平后，会遭遇"瓶颈"的现象，停滞不前。英语老师必须拓宽学生对语言的理解，利用相关语言信息来提升英语的趣味，让学生感受到英语语言的精彩之处。总之，语言学中的相关知识可以增强语言本身的魅力，消除语言教学中的索然无味性。

（二）树立"以学生为主体、重视学生情感因素"的教学理念

在高校英语课上培养和激发学生的非智力因素——学习动机对于学生明确学习目的，促进学习活动起动员、定向、维持和调节作用。总的来说，学生学习动机的形成，是促进学生主动学习进而实现教学目的的基础和动力，教学目的的实现依赖于学生学习动机的养成和积极主动的学习状态。

第二节　教学改革背景下高校英语教师的基本角色

一、引导者和帮助者

在英语教学中，教师必须对英语语言知识有系统的掌握，因为作为指导者，教师要承担英语专业知识传授的责任。具体地说，英语老师应该具备的专业知识有理论、形式、语境和实践知识等。这些知识不仅包括英语的形式结构知识，而且还

包括英语的音标知识、词汇知识、语法语篇知识、社会文化知识等。此外,教师还要对语言资料、语言现象进行清楚的认识,这样可以帮助学生在学习中解决问题,从而让学生对语言知识有正确理解和准确输出。可见,英语老师在英语教学方面也起到了帮助者的作用。

语言知识的积累对于语言技能的形成也是至关重要的。通过不同的语言形式,语言功能得以实现。无论教师采用何种教学策略,其必须要教授的教学内容就是英语语言的系统知识及对这些知识的分析和输出。

二、培训者和合作者

在大学英语教学中,教师扮演着语言技能的培训者和合作者的角色。英语语言技能包括听、说、读、写、译。从语法发展的规律看,听、说位居第一,读、写、译其次。但从外语教育角度上看,读、写、译是居于第一,听、说其次。这就说明,英语教育的目标是使学生具备一定的读、写、译能力,而听、说能力是提升学生读、写、译能力的基础。

因此,英语老师必须掌握扎实的语言能力,这是整体概念,它是听、说、写、读和翻译的相结合。如果老师没有掌握这些技巧,就不能驾驭英语教学课堂,也不能熟练组织语言教学活动,更难完成重要的任务,以提高学生的语言能力。此外,教师还在英语教学中扮演了合作者的角色。在组织语言教学时,教师应适时地引导学生进行练习,使他们在教师的协助下能够顺利学习知识,从而提高英语的教学和学习效果。

三、评价者和掌控者

教学评估是高校英语语言教学的一个不可缺少的环节。要实现英语语言教学的目的,就要注重对教学进行科学、全面的评价。教学评估既是老师获得教学反馈、改进教学管理、保证教学质量的有效依据,也是学生改善语言学习方法、调整英语学习策略的有效手段。英语教师在批阅学生作业的过程中,能对学生的学习情况有所了解。

四、语言环境的创设者

语言环境在学习语言时起着至关重要的作用,尤其是在缺少真实的语言环境中更是如此。教师要能够创造真实的语言环境,把新旧知识联系在一起,使学生对中西方的传统文化习俗有更深的了解,接受中西方文化的熏陶。这种学习方式比单独学习词汇、翻译句子等要有更好的效果。当然,语言环境的建立不仅要在课堂上进行,在课外活动中还经常需要建立语言环境。

五、语言教学的研究者

除了完成基础的教学之外,英语老师还应该花一定的时间和精力,对教学进行深入的研究。也就是说,英语老师应在掌握语言教学的理论、性质和规律的基础上,逐步建立自己的语言教学理念,并运用这一理念来指导实际教学活动,从而获得良好的教学效果。因此,英语老师应在教学实践中,对英语语言教学理论进行研究,将教学理论与课堂的教学实践结合,实现理论转变为实践,实践升华到理论。

六、现代技术的应用者

近几年来,多媒体网络技术渗透了人类生活的各个方面。在英语语言教学中,现代技术对英语老师的教学素质有了更高的要求。也就是说,教师应该有效地利用多媒体网络技术,学会利用先进的教育手段和教育模式,改变传统的教育理念和教学方式,使自己成为当前前沿技术的应用者,这样才能满足当前的教育需要。对于英语老师来说,要想熟练地掌握现代科学技术,应该从以下几个方面来做。

(一)设计有效的主题教学模式

随着现代技术在英语教学中的广泛运用,要求老师设计并探讨新的教学方法和模式,它既要发挥多媒体网络技术的优点,又要提高学生学习英语的效率。英语老师设计的主题教学模式,应该以学生兴趣为主题。整个主题教学模式围绕一个主题展开,让小组分散讨论有关的主题,最后用主题写作或者口语形式结束这个单元的教学。当教师利用网络和学生讨论的时候,应该合理地安排教学内容及网络资源。通常,讲评和讨论可以在课堂上进行,但是阅读和写作可以通过网络进行。在现代信息技术的背景下,英语教学设计中的每个主题在网络上都能找到丰富的信息,包括相关文化背景知识和动态资料,由学生进行总结和归纳,得出他们的结论。然后与其他学生展开讨论,这样就可以抛弃课本对学生的束缚。

(二)建立在线学习系统,并且对学生的学习过程进行监控

多媒体网络技术的应用为学生的英语学习提供了良好的条件,但调控学生的学习、提供个别的指导工作仍然是教师的主要任务,所以教师首先要做的就是建立一个完善的在线学习系统,该系统不仅要包含教师端,还应包含学生端。学生端首先需要填写自己的信息,然后按照班级向教师提出申请,从而加入这一在线学习系统中。教师要对学生端进行审核,确定无误后允许学生加入该系统。

根据导航的指示,学生获取相关英语资料并可以将资料下载下来。例如,在线英语学习系统包含"单元测试"与"家庭作业"等项目,学生在"单元测试"中进行训练和测试,在"家庭作业"中提交自己的作文。之后,学生可以通过电子邮件、小程序或程序(App)内的讨论栏目与教师或者其他学生进行讨论,从而参与网上的交互活动。通过系统的处理和记录,教师可以对学生的记录进行比较、综合,从而迅速、直观地了解学生的学习状况。

(三)设计单元任务

单元的主题目标一般要设计单元任务,学生们通过探索真实任务和操练英语语言,一方面能扩大自己的知识范围,另一方面能提高自己解决问题的能力。因此,语言单元训练任务是英语语言学习的一项重要项目,这就要求英语教师在网上设计相应的、能够提升学生基本能力的任务,让学生在规定的时间内完成,提交后查看结果,电脑给学生现场打分。学生以这种方式完成一系列的任务,有利于减少压力与挫败感,这样也会让他们愿意参与到任务中。

语言单元训练任务的完成是学生接下来解决问题的前提,他们只有掌握了必备的语言素材,才能对相关的语言材料进行操练和应用。通过网络,学生可以选取

教师所设计的单元任务,根据自己的实际水平来决定,然后进行师生交流、生生交流,最后以网上作业的形式呈现自己的观点。

(四)促进交互机制的实施

单纯地输入语言不能保证就能掌握这门语言,而是需要开展一定的交互活动,其主要包括意义协商和语言输出。作为交互学习的促进者,英语教师应组织、指导和激发学生参与到主题单元的交互活动中。例如,通过 QQ／微信(聊天软件)就某一专题与学生展开交流;通过在线学习小程序或者程序(App)发布教学内容,为学生布置学习任务,并指导学生分析和解决问题;通过 QQ 群或者微信群与学生展开交流等。尽管这些网络交互活动通常都是即时性的,也可能是延时性的,但在整个交互过程中教师都扮演着促进者的角色,与学生进行平等的讨论,并给予一定的意见。

(五)搜集和分析大数据

近几年,信息技术进入了大数据时代。大规模在线公共课程的出现,使学生能够免费参加一些著名的学校课程,使他们有更多的学习方式,从而对英语老师有了更高的要求。数字教育平台的建立,使各种课程通过网络被学习,资源迅速被捕捉到网络信息库中。通过收集、挖掘学生的海量信息,教师能够更快、更准确、更精准地把握学生的特点和学习效果,并预测学生的下一步学习方式和内容,从而真正实现因材施教。作为一名大数据挖掘人员和分析人员,英语老师要学习一些分析方法,如模型预测,机器学习,比较优化,可视性等。

第三节　多元文化背景下英语教师角色转变与教学改革

人类社会进入 21 世纪,经济、政治全球化的进程使文化呈现出多样性的发展状态。而多元文化时代的出现,对人类在科学、艺术等领域的研究和创作产生了广泛、深远的影响。此外,当今世界交流越来愈频繁,需要更多综合性的英语应用人才参与经济、社会发展。这一新的环境,对我国大学英语教育带来了新的挑战。多元教育不仅提供了大学教育难得的发展机会,而且也为大学教育特别是大学英语教育带来了许多新问题和挑战。那么,如何抓住机会,迎接挑战,让多元的文化为大学英语教育改革与建设提供服务,是我们正面临的一个艰巨任务。因此,我国大学的英语教育需要进行新一轮改革,加快英语教师的角色转变,培养出多元文化背景下英语综合运用能力强的优秀人才。

一、多元文化背景下的大学英语教学课程模式改革

在多元文化的现实背景中,人们深刻地反思了单一特性的文化课。目前推动和实施的课程都是一元文化教学,这种课程的属性在对主流文化群体产生负效应的同时,对非主流文化群体来说,也会造成一定的心理上的挫伤。一元文化课程的发展和实践,很容易使主流文化群体产生优越感,其优越感、盲目性较大,且让其对其他文化族群的文化缺乏深度认知,对自身文化发展、文化营养汲取等存在着不利影响。因此,大学英语课程教学需要引入多元文化思维,开展课程改革。

改革多元文化课程,课程模式设计与选用,要求符合高校学生身心发展的现实特征,体现于符合学生身心协调发展理念。合理协调高校学生知识摄取与社会发展之间的关系,构建科学合理的多元文化课程模式。

多元文化背景下大学英语课程模式创建,其需要以相关的课程目标为基准条件,要求课程模式可以表现课程目标的具体要求及预期效果,为达到该目的,可以采取的操作方式如下:

第一,具备多元发展规划及安排。在英语教学活动中,加强学生对英语国家文化的了解,对于提高学生英语应用水平有积极意义,且能够帮助学生更好理解本土文化,提高学生国际视野。在英语教学环节,教师不能仅关注英语语言教学,还需要关注语言文化差异,做好语言文化介绍工作。教师需要充分认识到,只有学生同时掌握了语言与文化知识,方可在实际操作中更好地使用语言。如高校英语语言教学具备较好的多元视野,可以合理安排与规划多元课程,更好地让学生感触到英语中存在的文化内涵,引导学生进行中国传统文化与国外文化的对比与认知,从而在英语教学中引入多元文化教育理念。

第二，引入知识统整方法。多元文化课程，并非在课程中针对文化内容及情景等进行简单说明，而需要应用知识统整方法，针对相互存在关系及影响的文化内容进行有效整合。多元文化背景下，大学英语课程模式设计与实现，需要充分体现学生发展这一核心，在课程模式设计主线上，应坚持推动以学生发展为根本。课程选择及组织安排等，需要符合多元文化观点，符合时代发展的现实特征，提高学生跨文化理解水平，引导学生在面对异域文化时，能够做到尊重及理解，并推动学生人格及自我的科学发展。

二、多元文化背景下教师角色的转变

1. 教师应具备多元文化知识

多元文化教学，本质上归属于跨文化接触内容。推动多元文化教学，要求教师在面对学生文化背景及族群背景差异时，可以采取针对性教学策略。这也要求教师具备较好的跨文化专业教学能力。教师属于课堂活动的组织主体，面对学生时需要做好不同文化背景学生的深入互动，而多元文化知识则为互动实现与多元文化教学提供了支撑点。如教师本身不具备多元文化经验或缺乏多元文化知识，则在教学环节不会关注学生文化差异等现实性问题，无法实现多元教学效果。

2. 教师应熟知多元文化教学策略

如教师主体在情感与知识层面已具备了充分的多元文化相关元素，教师需要通过教学方式来完成对学生的实际影响。教学行为，即借助一定的策略与技巧，于学生之间进行互动从而实现的。而教学策略及技巧选用则对教学效果及水平存在较大影响。教师在具备一定多元文化的基础上，还需要关注多元文化教学策略的应用，在面对不同文化背景、不同族群的学生时，通过多元文化教学策略，合理协调学生关系，营造良好教学氛围以实现多元文化教学目标。

3. 承担多元文化教育环境创造者身份

于多元文化教学大环境下，教师需要关注多元文化教育环境创设与应用问题，立足于文化层面与语言层面，来实现多元文化创建，为学生多元文化学习提供充分的环境支撑。为此，教师与学生间应构建平等、友好、互信的关系。学生与教师之间关系良好,能够让学生在学习中更具备活力,形成良好的自我学习意识,且有助于提高学生文化认知能力。在学习氛围创建上,尽量体现出家庭式学习氛围,让整个氛围表现出积极性与开放性。教师需对学生主体进行深入调查,了解其文化背景,合理安排针对性教学策略与差异性教学策略,通过这种方式,来降低文化差异为学生带来的不适应性等影响。

多元文化教育理念认为教育目标在于关注与提升学生进入多元文化世界的自我能力与发展能力,为学生发展提充分的文化认知与选择机会,引导学生接触文化多样性。即通过进行多元文化教育环境的构建,从而为学生认知与理解异域文化,感触文化差异提供具体路径。基于此,需要在不断完成与发展大学英语教学模式的同时,关注时代发展的现实诉求,采取多种措施与策略,不断提高学生多元文化理解水平,实现多元文化目标。

第 七 章

从教育价值观看高校

外语教学改革

教育价值观是教育实践主体为满足自己的需要而表现出来的对教育现象带有倾向性的认识态度和价值判断，是人们从事教育活动的定向标准。外语教学是教育的一个重要组成部分，为适应社会对具有外语综合能力的各类高级人才的需要，深化外语教学改革已成为当务之急。针对目前我国外语教学中存在的背离教育价值的弊端，需要采取积极措施改变学生外语听说能力差的现状。

价值，是客体满足主体需要的程度。教育价值，是指作为客体的教育现象满足不同主体需要的程度。教育价值观是教育实践主体为满足自己的需要而表现出来的对教育现象带有倾向性的认识态度和价值判断，是人们从事教育活动的定向标准。教育的价值观从教育的内在需要、人类个体需要和社会的需要三个方面去考察，可以划分出教育的知识本位价值、教育的人本价值和教育的社会价值。

第一节 教育价值观概述

一、教育价值的概念和特征

（一）教育价值的概念

在研究中，已有的教育价值定义可归纳为如下几类：

第一种观点是需要说。认为教育的价值就是对人需要的满足。具体来说，就是通过教育培养一定的人，满足人的需要，教育的价值就是教育对人的意义。

第二种观点是属性说。强调教育满足个人和社会需要的属性。主张教育价值是指教育能够满足个体和社会需要的属性，并将其分为教育的社会发展价值和教育的个体发展价值。

第三种是效用说。主张教育价值表现为教育客体对教育主体的效益或效用。如认为教育价值就是指教育作为社会系统中的一种客体，对个体主体和社会主体的发展需要的一定满足。

第四种是关系说。把教育价值归结为一种价值关系，并强调人与社会的相互关系。认为教育价值表明一种社会关系，即教育活动这一实体与人和社会需要之间的关系。

第五种是意义说。认为教育价值是指教育作为一种具体的自主自觉的实践活动对人生存及其发展所呈现的意义。这是一种运用解释学的认识方法，并从教育自身特点及人类的实践活动出发，对教育价值的一种认识。据此提出：教育意义就是教育价值，教育对人的意义不仅体现在满足个体、国家、社会的需要这种手段性意义中，而且具有存在于个体、国家、社会自身之中的目的性意义。教育的手段性价值处在主客体关系之中，如教育的政治价值、经济价值、文化价值、个体谋生的价值等等。

上述定义，可谓各有千秋，然而，各种定义又各有偏颇，作者比较认同"关系说"，这种学说与前述的价值界定一脉相承，再者，从行文的需求来看，这种理解有利于其后一系列观点的展开，而不至于前后矛盾。"关系说"把教育价值看作关系范畴，认为教育价值是教育主体与教育客体之间的价值关系。要理解教育价值的概念，其核心在于把握住"主体的需要与客体的属性二者之间的关系"。这里的主体主要包含两个方面：即处于一定社会历史阶段中的社会集团与个体，处于一定教育情境中的教育者与受教育者。一定社会或阶段，集团对教育的需要不同，教育行为的取向标准就不一样。

（二）教育价值的特征

教育价值属性的多样性和主体需要的层次性以及二者之间关系的复杂性，构成了一个完整的教育价值系统，其有如下几种表现形式：

第一，多种属性体现出多种不同的教育价值。如一堂生物课，教师讲的有科学性、逻辑性强，并且生动性活泼，富于启发性、趣味性、形象性，使学生积极参与教学过程，这就可以体现出多种不同的教育价值，如获得科学知识的知识价值，促进学生思维能力发展的认识价值，引起学生美感享受的审美价值，激发学生学科学、爱科学的情感价值，等等。

第二，多种属性表现出同一教育价值。如促进学生智力发展这一价值，既可以在课堂教学中体现出来，又可以在学校的生产劳动、社会实践和课外活动中体现出来，还可以通过指导学生自学体现出来。

第三，某一种属性体现多种教育价值。在教育过程中，由于主体所处的状态不同和需要的水平不一样，对价值客体的属性满足自己的程度理解也不一样。一节语文课，把语文知识的掌握视为学习其他学科必备的基础知识的学生，可能获得的是工具性的教育价值；把语文知识看成是发展自己思维的学生，可能获得的是训练的教育价值；把语文课看成是提高自己的文学修养，培养自己审美能力的学生，则可能获得的是审美的教育价值;而有的学生可能几种需要都存在,获得的是全面发展的教育价值。

就教育价值的使用过程而言,教育价值具有如下特点:

第一,长效性和多次重复使用性。价值主体总是在不停地使用着产品。学生在不停地使用自己在教育活动中成长起来的能力、素质,教师在教育活动中不停地使用着自己在教育实践中发展起来的教育能力。教育过程中知识的增长、能力的发展、素质的提高,本身是价值的满足或实现,但教育的这种价值并不因为这一次的满足、实现而消失,而为今后多次使用奠定了基础。如基础教育中实现的教育价值,为大学教育价值的实现奠定了基础,大学实现的教育价值,在工作中使用而增长了工作能力,实现了更高的价值。也就是说多次使用都可以实现价值,如在学校中学到的知识,培养起来的能力,形成的人格魅力,在进入工作岗位后相当长的时间内一直在使用,并以此获得了物质生存价值和精神需求的满足。可以说每次使用都既是教育价值的延续,又为进一步实现其他价值奠定基础。

第二,教育价值的发展性。一般而言,物质产品的价值在使用过程中不断在减值,教育价值则不同,其在使用的过程中是在增值,但是如果长时间不使用,就会减值。如所学非所用,经过一段时间后,所学的专业知识就会遗忘,技能就会逐渐消退。现代教育中,所学非所用的现象俯拾皆是,造成了教育资源的极大浪费。只有认识到教育价值的发展性,才可做到教育的有的放矢。其实,教育价值的每次满足、实现都为下一步的发展打下基础,不论是使用于发展精神性的知识能力、素质提高,还是使用于追求物质利益,在价值满足或使用的同时都潜在地发展了主体的某种能力,教育价值在使用过程中得到了发展和增值。

第三,教育价值的综合性。教育价值不仅仅是单纯的精神性价值,其在直接的精神价值后面还潜藏着物质价值,每个学生在课堂上学习时,直接指向的是精神价值,如兴趣、体验、成功,从学习的功用上考虑,又不能排除其为了某种物质性的功利价值。

二、教育价值观的基本内容

教育是培养人的活动,人的发展包括身体和心理两个方面的发展,身体的发展是指人的各种组织、系统的发育及其机能的增长,心理的发展是指人的一般心理过程(认知过程、情感过程)、个性心理特征等精神方面的发展。人的身体(生理)发展与心理发展是紧密相关的。生理发展是心理发展的物质基础,心理发展又影响着生理的发展。这两方面的发展合起来就是素质发展。从教育学的研究角度来看,人的素质应该是指人在质的方面的物质要素和精神要素的总和。教育的本体价值就是要促进人全面发展或满足个体发展的需要,这是教育的内在价值。

与此相对应的就是教育的工具价值,即教育满足社会发展需要的价值。教育的工具价值的体现方式主要有两种:第一是通过培养特定的人才来满足社会政治、经济、文化、科技等系统的需要。第二种是通过教育系统中的人直接作用或间接影响(除培养人以外)社会政治、经济、文化、科技等系统的发展,以满足各系统的需要。如教育系统中聚集着大量知识分子,他们掌握的文化科学知识比较多,是先进生产力的开拓者,依靠他们,教育系统可以直接进入经济活动领域,创造经济效益,实现教育的经济价值。高等学校可以通过产学研直接把科学技术转化为生产力,取得巨大社会、经济效益。高校的文科进行意识形态领域的理论研究,丰富了人类的精神财富,推动了人类文明的健康发展。

综上所述,教育价值观通常分为:(1)教育的本体价值观。即对教育的本体价值的认识、评判和选择标准,也就是对教育培养人问题的看法,包括教育依据什么样的规格培养人,培养人的质量要求等内容;(2)教育的工具价值观。即对教育的工具价值的认识、评判和选择标准,其中包括关于教育怎样促进社会政治、经济、文化、科技诸系统的发展的基本观点;(3)不同类型的教育价值观。即对各类教育的价值的认识、评判和选择标准。

三、教育价值观的基本功能

教育活动中客观存在的价值、价值关系、价值活动在一定程度上总会反映到教育活动主体的大脑中来,形成价值意识、价值观念。主体从事教育活动时,总是先有对教育价值的某种认识,才可能有意识、有目的地去参与这种活动,在参与的过程中其教育价值观逐步完成、定型,并不断影响主体参与教育活动的积极性、价值取向。所以,教育价值观对于教育活动的开展、价值生成和实现都有重要作用,这种作用就是教育价值观的功能。

第一,教育价值观具有改变主体自我意识的功能。一种新的教育价值观的确立,必然包含着对原有教育价值观的某些不合理部分的否定。这种新的自我意识的出现,对于教育行为而言,意义很大,它能促使人们改变以往的教育行为习惯,使教育超出原有的行为模式,创造出一种新的手段和方式。创造出新的教育行为模式是价值观念的外化结果,而新的价值意识或自我意识的出现则是价值观念的内化结果,没有这种内化即主体自我意识水平的提高,所谓外化是不可能的。人们在今天所形成的教育价值观念,既在一定程度上改变了过去的自我意识水平,又可能在新的历史条件下去不断地重建新的自我意识。

第二,教育价值观具有唤起人的特殊情感状态的功能。没有丰富情感体验的教育是不成功的教育。我们所说的这种功能,指的是人们在实际的价值体验时的心理感受,并不是将教育价值观归结为意志、情感的产物。在人们的实际价值体验过程中,必然伴随着喜悦与愤怒、快乐与忧伤、幸福与痛苦、自信与沮丧等情感意向,这些情感状态与主体的需要能否得到满足及满足程度的大小是密切相关的。在生动活泼的课堂教学中,教师自己的价值观通过知识的传播对学生发生了影响,学生在得到知识的同时,情感得到了陶冶和升华。

第三,教育价值观具有调节主体能动性的功能。教育过程不是一个机械的、只朝着一维方向发展的单项活动过程,而是伴随着重复、联系、实践、陶冶等多种属性的综合活动过程,主体能动性的发挥就带有相当大的意义,而教育价值观则是调节主体能动性的内驱机制。其原因是在价值实现的过程中,人们遇到阻力或挫折时,就要想方设法战胜困难,寻找新的途径或方式,舍弃原有的不符合客观事物发展规律的价值目标,重新选择自己的价值理想,这就成为人的行为发生变化或得到调节的动机,而导致动机发生变化的就是价值观念。

四、当前流行的三种教育价值观

(一)知识本位教育价值观

知识本位教育观以知识是"理性之源,为善之本"为依据,认为教育必须建立在知识的本质基础之上,必须根据知识本身状况与逻辑联系来组织教育活动,而不是建立在学生的偏好、社会需求和政治家的信念基础之上。知识本位教育观的本质是这一阶段的学习为下一阶段的学习作准备。19 世纪中期知识本位教育观开始受到了以斯宾塞为代表的实质论教育学派的严峻挑战,斯宾塞的《什么知识最有价值》的问世,引发了知识在教育中的地位与价值的旷日持久的争论。这一问题意味着,并非所有的知识都是有用的,并非所有有用的知识都有同样程度的价值,所以以这种价值观来判断的教育质量只是一种在知识价值范围内的内适性质量。

(二)社会本位教育价值观

社会本位教育价值观缘起于社会对教育的强烈需求。1806 年,普鲁士在与法国的作战中失败,哲学家费希特痛心于祖国的耻辱,在国内作了14次"对德意志国民的演讲",要求教育以爱国主义为号召,激发年轻一代的朝气,恢复国家独立。德国复兴之后,费希特被誉为"复兴国家之父",其思想导致欧洲国家主义教育思想的复兴,教育被广泛地要求应充分反映国家对青年一代的期望。这一教育价值观的本质在于满足社会或国家的需要,其表现是根据社会需要判定教育目标,根据实现目标的程度组织学校教育和判断教育质量。但是这一观念的缺陷就在于只注重教育的短期行为,而没有考虑到国民的长远利益。

(三)学生本位教育价值观

学生本位教育价值观,认为教育应该使人成为名副其实的人,而绝不只是为社会提供人力资源。教育的价值就是有助于个性解放和成长,在于重视人的存在。"我们不应当把学生当作手段,而应当把学生的发展本身当作目的"(罗素语)。这种观念的本质就在于教育促进学生身心发展的充分程度。

教育是人类永恒的、普通的范畴,具有无限性;教育又是历史的范畴,具有有限性。只有综合贯彻教育的知识本位价值观、社会本位价值观、学生本位价值观的教育才能真正体现人的需要、社会的需要和知识的需要的和谐统一,建立在这种统一基础上的价值才是科学的教育价值观。

第二节　中国外语教育政策的价值分析

政策价值分析即对政策及其活动所做出的价值判断,主要是解决"期望什么""喜好什么""为什么期望和喜好""利益为什么如此分配"等问题。从哲学的意义上来说,外语教育政策通过制定外语教学标准,提出外语课程要求、设定培养目标、设置教学模式、实施课堂内外的种种外语教育活动来满足外语教育政策的主体需求。外语教育政策为国家的安全、国际形势服务,体现其政治价值;调整社会资源投入到外语教学中,体现其政策的经济价值;如果政策是用于加强学校外语教育的管理或者规范外语教育活动本身,则表现出政策的教育价值;如果用于指导个人的外语学习则表现它的人的发展价值;外语教育政策在调整国家、学校、个人利益关系之时则直接体现它的社会价值,等等。外语教育政策的价值分析涉及国家教育政策的公共价值追求、政策制定者的价值取向以及包括外语教育主体——学生在内的各种利益相关群体的价值冲突三个层面,外语教育政策的政治价值、经济价值、教育价值和个人价值取向最终通过外语教育政策的内容和执行过程体现出来。

一、外语教育政策的价值选择、合法性和有效性

价值选择、合法性和有效性是教育政策价值研究的三个向度。在现象形态上，教育政策的价值特征表现为一系列的价值选择。在本体形态上，教育政策的价值特征表现为价值选择的合法性。在政策过程的意义上，教育政策价值特征表现为价值选择的有效性。教育政策的价值选择是教育政策制定者在自身价值判断基础上所做出的一种集体选择或政府选择。决策者对于政策的期望或价值追求，体现了政策系统的某种偏好，表达着教育政策追求的目的与价值。合法性"表明某一事物具有被承认、被认可、被接受的基础，至于具体的基础是什么，则要看实际情境而定"。教育政策过程就是分配教育利益，调整和理顺教育领域的社会关系，顺利、经济地解决教育问题的一个过程。政策的成功有赖于获得价值选择和实现价值选择的政策行为过程的有效性。

外语教育政策的合法性就是外语教育政策的价值选择符合普遍性的规则、规范，如法律、社会价值观、意识形态、传统典范乃至社会习惯等，并由此在社会范围内被承认、认可、接受和遵守。外语教育政策合法性的本质是外语教育政策价值选择的合目的性，也就是外语教育政策价值选择符合社会的规范和价值取向，这正是人们心中的价值理想和切实需要。外语教育政策的有效性是指外语教育政策的效能，是效益、效率、效果的统一，其含义是指外语教育政策活动以最小的代价获得具有最大化价值的政策结果，使外语教育政策的功能和效益达到最大化。主体需要决定外语教育的价值量，满足主体的程度越高，层次就越高，价值量也就越大。要提高外语教育政策的有效性就要引导、促进合理的价值取向的确立，解构、消除不合理的价值取向。合理的外语教育政策的价值取向必定是为国家发展与为教育发展的统一、合目的性和合规律性的统一。而合规律性又是合目的性得以实现的必要条件。在宏观上，要求保持外语教育政策价值取向的基本性质和方向符合社会发展规律，微观上要求外语教育政策在价值取向、目标定位、课程设计、外语教育规划与管理等方面，遵循外语教育发展的客观规律。

二、构成外语教育政策价值取向的要素

教育政策的价值取向是由一系列层次不同的要素构成的。政策价值观包括政策理论、政策理想、意识形态和政策评价标准。在这四个要素中，政策理想最重要，处于关键的地位，对于决策和政策实施起着关键性的作用。外语教育政策的价值

理想追求，也就是美好期待中的外语教育图景，对于外语教育政策的制定与实施具有直接的价值指导作用。而政策评价标准是政策理论、意识形态、政策理想的体现，特定的政策理论、意识形态和政策理想形成特定的政策评价标准。其作用当然也是不可置疑的，因为它是衡量政策好坏的价值标准，它决定着政策是否终结或通过修正而继续实施。政策的价值取向决定和支配着主体的价值选择，是主体构成的重要组成部分，对主体自身、主体间关系、其他主体均有重大影响，具有社会性、历史性、时代性和民族性的特点。

外语教育政策的制定、执行、评价的实践过程凝聚着外语教育政策价值的表现形式，反映出外语教育政策的价值取向。也可以说，外语教育活动反映出外语教育政策的价值取向。外语教育政策的价值有四种表现形式：政治的价值、社会的价值、教育的价值和人的价值，其价值形式通过语外教育政策的制定与实施的实践活动得以体现。外语教育政策首先要体现的是人的价值，其次是教育价值，再次是社会价值，最后才是政治价值。外语教育政策促进人的自由、全面、和谐的发展是其终极价值，我国传统的培养社会所需要的人，体现的是外语教育政策的社会价值，属于工具性价值观。

我国的外语教育政策的价值观理应是主体教育政策价值观，外语教育政策就是要满足外语教育政策的主体的需要，也就是要满足学生的需要。满足受教育者需要的性质和程度决定外语教育政策的价值量。外语教育政策应该在追求教育的价值和人的价值的基础上去追求政治的价值和社会的价值。

外语教育过程是使外语学习者价值化的过程，社会需要、外语教育和外语学习者三者价值取向的统一是外语教育价值实现的保证。一方面，由于社会条件的不同，在不同的历史时期，社会发展对于外语教育价值取向总有不同侧重的选择，在一定时期具有相对的稳定性。另一方面，社会是一个动态的发展过程，它在不断地发展过程中，改变着自己需求的价值结构，也改变着自己需求的价值内容。社会经济的发展变化也在不断改变着社会对外语教学和外语人才的需求。社会需要的变化导致价值关系背离社会的发展，因而使它具有阶段性。究其成因，是社会发展所带来的外语需求变化与教育改革滞后性存在着矛盾，外语教育评价内容与社会对外语人才素质需求之间也存在着矛盾，从而导致外语教育追求与社会需求之间价值背离。由此，我们可以得出结论，造成社会价值需求和外语教学价值追求背离的一个重要原因是社会需求的动态性和教育价值追求的从属性。

社会需求具有稳定性和动态性的双重特性。社会需求的稳定性要求人们建立与之相适应的外语教育价值体系；社会需求的动态性又要求外语教育改变现时的价值追求。社会需要制约着外语教育的价值取向，外语教育的发展变化具有相对滞后性。这种滞后性就与社会需求的动态性之间产生矛盾，形成两者的背离。外语教育发展的真正动力就在于社会对于外语能力的需求和个体对于外语能力的追求。然而，由于个体需要外语教育帮助其获得外语能力，社会也需要外语教育能够培养出它所需要的具有外语能力的人才，这样外语教育就具有满足双方需要的功能，从而成为学生和社会共同需要的中介。

从社会与教育的价值关系来看，社会是教育价值的主体，教育必须培养社会需要的人，满足社会的需要，这也是教育的社会功能或工具性功能，教育是社会发展的工具。从外语教育与学生的价值关系来看，外语教育必须满足学生的需要，学生应该是外语教育价值的主体。学生之所以需要外语教育，是因为他们需要外语能力，而外语教育能够满足他们形成外语能力的需要。从外语教育满足社会和学生需要的过程来看，外语教育是通过满足学生的需要，为学生赋值，使学生具备外语能力，最终满足社会需要。从教育的过程来看，掌握知识和形成能力是学生个体能动的结果，这种能动性是外语教育过程发展的内因，而教师和教学环境等都是外因。因此，外语教育活动的主体是学生，外语教育的一切活动都要满足学生的需要。

外语教育政策的实践活动是外语教育政策的价值源泉，外语教育政策的主体需要和客体属性的价值关系高于每一项政策的产生过程，从为解决一个外语教育中的问题而确定政策目标，到政策的决策、政策的执行等各个环节使主体需要和客体属性处于价值关系中，并作为实践活动的固有内容，经过双向对象化而生成价值。主体需要、客体属性和实践活动是外语教育政策的价值概念的基本范畴。

第三节　基于教育价值观的高校外语教学改革措施

一、高校外语教学价值观的误区

外语教学、外语学习者和社会对于外语能力的追求与需要是统一的。外语教学与学习者的追求反映着社会的价值需要，社会需要制约着学习者的追求。此处以大学英语为例，学校之所以开设英语课程，是因为社会需要英语人才，人们应社会之需学习英语，英语语言教学具有了存在的必要，从而具有价值。然而，在实际外语教学活动中，还存在着三者背离的现象。

社会对英语人才的需求是英语人才价值的根本,也是英语教学价值的根本。在理想的环境下,英语教学评价应该反映社会需要,英语教学应该满足社会对英语人才的需要。在这种需要与满足需要的过程中,各方利益都得到满足。个体具有了英语能力,满足了社会需要,自己也在满足社会需要过程中得到经济利益和社会地位;英语教学也在满足学生和社会需要的过程中得到发展,英语教师的经济利益、社会地位和业务水平均得到相应的提高。然而,在现实中,高校英语教学往往偏离真正价值的引导,受到教学评价的压力和驱动。

虽然高等学校入学考试和各级各类学校的升学升级考试等对于我国的英语教学具有积极的推动作用,但是我们不得不承认,由于考试实施上的主客观原因,考试内容不能充分反映社会对英语人才所需要的素质内容,更不能反映当前社会对复合型和实用型英语人才所需要的素质内容。从某种程度上说,中国的英语教学偏离了社会价值需求,偏离了个体追求的价值,其部分原因是各种英语教学评价造成的。社会需要复合型和实用型英语人才,这是社会现实。尽管高考、大学英语四、六级全国统考都力图改革以适应社会需要,但是考试的实施面临许多现实问题,教师教学观念的转变需要有一个过程,教学体系的滞后性表现得越来越明显。

从理论角度而言,考试等评价手段是评价、促进和监督英语教学过程的,目的是使英语教学有利于培养出社会所需要的英语人才,充分实现英语教学的价值。然而,由于考试评价内容与社会价值需求内容的背离,英语教学价值与社会价值需求的背离是不可避免的。高校英语教学是在学校的管理之下进行的,而考试评价代表社会来评价教学成绩,学校的教学成绩直接影响到学校的名声,因此,学校不可避免地将考试成绩作为追求的价值目标。

由于考试评价作为衡量教学价值的尺度,代替了社会的需求,因此追求考试成绩便成了教学追求的价值目标。大学英语实行四、六级考试,无疑推动了我国的英语语言学习,对提高大学生英语能力起到了一定的积极作用,也曾一度成为各招聘用人单位衡量毕业生英语水平的标准。但是,随着我国改革开放的深入发展,人们越来越发现四、六级考试存在着诸多弊端。首先,绝大多数院校的大学英语教学,均围绕着四、六级这根无形的指挥棒转。其次,标准化考试助长了某些学生的惰性、侥幸心理和不诚信学风。他们不去考虑怎样提高自己的英语语言水平,如何在听、说、读、写方面狠下功夫,而是想如何猜测题型、推测答案。再次,英语教学要求掌握的"听、说、读、写"四项基本功在考试中的比重很不均衡。为了应付考试,教师在教学中轻视、甚至放弃对学生的口语教导。他们绞尽脑汁帮助学生掌握考试技巧,而不是设法提高学生的语言能力。有的学生专门研究大纲词汇、语法,似乎掌握了大纲词汇,就掌握了英语这门语言。

高校也将四、六级统考成绩作为衡量该学校英语水平的标准,并以此衡量英语教师的教学成绩。学校学生管理部门也将大学英语四、六级考试作为衡量学生英语水平的一个标准。大学英语四、六级统考成绩与教师的利益挂钩,与学生的学位挂钩。可见,在学校这个封闭的环境中,社会需求价值已经丧失,取而代之的是考试的价值取向,考试的价值已经成为高校和师生追求的唯一价值目标。只有通过考试的学生,只有走向社会的学生,才会意识到自己英语能力的真正价值与社会价值需求之间的差距。因此,英语教学价值回归的关键是建立正确的英语评价体系。

二、基于价值观的高校外语教学改革措施

(一)转变思想,更新观念

在过去相当长的时间内,社会把大学英语语言的教学目标确定为培养学生利用英语获取信息的能力。在这种教育思想的指导下,我国大学英语教学采用传统的以阅读、写作领先,讲授词汇、语法为主的教学模式,这必然导致"哑巴英语"。因此,要改变"哑巴英语"的现状,提高大学英语语言的教学水平,必须更新观念,对现有的英语教学模式进行改革。改革的主要方向应是面向实用和交流,在坚持"听、说领先,读、写跟上"的原则基础上,切实加强对学生听说能力的训练,实现大学英语语言教学从应试教育向培养学生运用语言综合素质能力教育的思想转变。

(二)加强视听说课教学

视听说课,即以现代教学媒介为教学手段,利用现代影像媒体与多声道语言、语音系统等多种现代化的教学设备,制造出真实的英语场景效果,综合视、听、说全方位地完成英语语言教学。视听说课突破了传统语言教学模式,为大幅度提高学生实际应用英语的能力,特别是听说能力创造了良好的外部环境。这也是一种训练型的课程,是一种以学生为主体、教师为引导的参与性的课程类型。在这种教学模式下,教师的职责是引导并启发学生自觉、主动地学习,而不是一味培养学生对英语语言进行综合运用的能力,要求学生对英语口头语言有快速的反应理解力,并能用口或笔迅速、准确地表达出来,进行语言交际。

(三)改革教学方法和手段

教学方法过于死板,教学手段过于落后,英语教师讲得多等是当前高校英语教

学中背离英语教学价值观的、普遍存在的问题。因此,在大学英语教学过程中,要改变以"应试为目的,以教师为中心,用中文串讲课文及语法点"的传统教学模式。首先,必须坚持以学生为中心,以应用为目的,采用情景教学,营造一个讲英语的课堂环境。在课堂上,教师应该用英语讲解课文和语法,让学生用英语思维,提倡和鼓励学生用英语提问、回答、讨论,以多种方法表达同一内容。其次,要改革教学手段,充分利用电视、广播、杂志、录音带、录像带、光碟、语音实验室、多媒体教室、电化教育和互联网等现代视听教学手段,进行学生英语听、说能力训练。

(四)改革现行的考试制度

标准化考试不是把英语语言教学引向学生英语素养的提高和运用英语能力的培养,而是耗费大量的时间、人力、物力、财力去搞应试。在全社会提倡素质教育的今天,改革现行的大学英语考试制度势在必行。今后大学英语考试应加大"听力、口语"方面的考查力度,重点应放在考查学生英语交流、应用能力上。

(五)重视英语师资队伍建设

大学英语教师不足是长期以来一直困扰大学英语教学的主要问题。特别是近几年,随着大学扩大招生,学生人数逐年增加,英语教师短缺的矛盾日益突出。另外,大学英语属于基础课,学校往往不太重视,教师待遇一般,吸引不到优秀的英语人才。要解决这个问题,应加大对英语教学的政策扶持和资金投入,切实加强英语师资队伍建设,改善英语老师的待遇。要有组织、有计划地分期、分批选送优秀英语教师出国深造,或到国内重点英语院校进修学习。要积极支持和鼓励我国高校同国外大学或教育机构开展教育、教学、学术及人员等方面的交流合作,适当加大高校聘请英语语言文化类专家、专业英语教师的力度。

(六)加强教材建设

英语教材是知识的载体,是教师教学的主要依据,也是学生学习的蓝本。经济全球化发展步伐加速,以信息技术为标志的一些高新技术不断出现,因此,大学英语教材建设必须反映时代特征,体现现代科技和文化发展的最新信息和成果。一方面,要组织有关专家学者针对中国学生的特点,结合我国国情编写具有中国特色的大学英语教材。另一方面,有条件的学校在大学四年内至少要使用一本外国原版教材,并为学生开设用英语讲授的专业课程。

第八章

新媒体语境下高校

信息化教学研究

信息技术的进步促进了新媒体的出现和发展,也为高校信息化教学的开展提供了新的方式。但是高校缺乏对信息化教学的正确理解,信息化教学资源体系不够科学,教学效果无法得到保证,教学师资力量有待加强,教学评价体系不够完善。在新媒体语境下研究和探讨高校信息化教学的策略有重要的现实意义。高校要依托新媒体建立对信息化教学的科学认知,重视信息化资源的建设管理,建立科学的信息化学习反馈机制,培养高素质的信息化教师队伍,建立科学的信息化教学评价机制,以促进高校信息化教学的健康发展。

第一节 新媒体的特征

一、新媒体的内涵

相对于数字新媒体,业界更多地使用"新媒体"这一说法。实际上,在对新媒体进行定义的时候,很多专家都明确说明新媒体是建立在数字技术基础之上的。清华大学新闻与传播学院熊澄宇教授说:"新媒体是在计算机信息处理技术基础之上出现和影响的媒体形态。"新传媒产业联盟秘书长王斌说:"新媒体是以数字信息技术为基础,以互动传播为特点,具有创新形态的媒体。"中国传媒大学黄升民说:"构成新媒体的基本要素是基于网络和数字技术所构筑的三个无限,即需求无限、传输无限和生产无限。"

安徽大学蒋宏在《新媒体导论》中写道:"新媒体是指 20 世纪后期在世界科学技术发生巨大进步的背景下,在社会信息传播领域出现的,建立在数字技术基础上的,使传播信息大大扩展、传播速度大大加快、传播方式大大丰富、与传统媒体迥然相异的新型媒体。就其外延而言,新媒体主要包括光纤电缆通信网、都市型双向传播有线电视网、图文电视、电子计算机通信网、大型电脑数据库通信系统、通信卫星和卫星直播电视系统、高清晰度电视、互联网、手机短信和多媒体信息的互动平台、多媒体技术以及利用数字技术播放的广播网等。"这是综合了相关概念论述后从技术角度给出的一个比较全面的定义。

根据这些定义和媒体的实际应用,笔者在本书中不再区分"数字新媒体"与"新媒体"。依笔者之见,报纸、杂志、广播、电视是公认的四大传统媒体。除此之外,其他各种新兴的或杂糅的形式都可以称为新媒体。

二、新媒体的传播特点

从文字传播时代开始,人类就开始了体外化传播的过程,文字的普及使文化传承能够更加稳固地保存下来,而印刷术的出现又使这种传播走向大众化,再到后来的电子传播时代,实现了信息远距离快速传播,传播范围进一步扩大,时间进一步缩短,形式也变得多种多样,受众可以根据自己的习惯和兴趣来选择适合自己的媒体。这种选择权在数字新媒体时代变得更加个性化,受众在媒体发展史中所体现的主体性越来越强,媒体也在跟随着受众的需求不断改进自己的传播形式,优化传播技巧。

(一)"中心"转移与"非中心化"

在传统传播环境中,大众传播和人际传播泾渭分明,两者的最大区别是:大众传播的信息是单向流动;人际传播是双向互动。数字新媒体传播将两者融为一体,模糊了它们的界限。

与传统媒体相比,新媒体最大的特点在于传播形式由一点对多点变为多点对多点,同时拥有人际传播和大众传播的优点。信息的采集不再被专门机构垄断,人人都是信息的接受者,也是信息的采集者,不论是出版者、传播者,还是消费者,都对内容拥有对等的和相互的控制。这种变化一方面激发了受众对传播的主动性,提高了受众在整个传播过程中的介入程度和地位,并促进了群体意识的生长;另一方面使受众更趋于"小众化""分众化",甚至"碎片化"。广播、电视、报纸不再是中心话题的全部和主流信息的唯一渠道,受众自己也可以成为议程设置者。比如,非典时期的博客传播和手机短信就打破了传统媒体的舆论封锁,从时间上和传播流程上超越了传统媒体的反应和幅度。

在新媒体传播中,没有绝对的权威,也没有绝对的中心,人人都可以在虚拟的网络空间中发表言论和观点,任何权威的观点和声音都有可能遭到别人的攻击,可以说"处处是边缘,无处是中心"。

(二)双向性与实时传播

随着传播形式的改变,传播的过程也发生了根本改变。传统媒体传播过程中虽然也有双向交互和信息的互动,但由于受技术条件的限制,在时间和空间上是"剥离"的,在传递的顺序上是有先后的,存在一定程度的时间成本;在信息资源采集方面,存在天然的稀缺性,而受众的选择权也是相对有限的,最重要的是受众的介入并不会改变原有传统媒体的传播模式和节奏。在新媒体时代,新技术强调的准交互性和实时传播,使受众的反馈与信息同步传播,传播者和受众之间的界限被模糊和消解,传授合一在未来可能完全实现。这种个性化需求的膨胀也导致了信息资源的丰盛,赋予了受众民主和话语,但同时容易造成舆论的盲从、真相的被淹没,甚至造成"沉默的大多数"。

互动和实时是提高媒体用户黏着度和忠诚度的可靠途径,受众方与信息发布方的互动还可以更深入地挖掘信息的内在价值,了解需求方所思所想,为日后改进信息形式和提高信息质量提供有益建议,逐步实现按受众要求定制信息,按讨论沟通信息,按反馈修改信息。

目前,传统媒体虽然已经逐步提高了时效性,如报纸的加印特刊、广扬的访谈栏目和电视台滚动播出的即时新闻,但受制于传统媒体技术和采编播方式的约束,新媒体仍然可以在互动和及时两个层面上大幅领先于传统媒体,如网络、手机新闻可以全天候发布,网络和手机聊天室可以深度参与和互动交流。

(三)数字化与网络化技术革命性应用

美国传播学家丹尼斯·麦奎尔认为,真正的"传播革命"所要求的,不只是信息传播方式的改变或者受众注意力在不同媒介之间分布上的变迁,其最直接的驱动力是技术。数字技术、计算机网络技术和多媒体技术的技术系统融合在一起构成了新媒体发展的技术平台,并为新媒体兼容各种新信息技术奠定了基础。传输通道和编码解码的数字化技术促进了媒体融合与人机交互,计算机网络技术具有对共享数据资源集中处理及管理和维护的能力,多媒体技术让文字、语言、图形、图像等信息形态更符合个性化的要求。这些技术最大限度地实现了新媒体无成本约束和开放式生产,使传输终端日趋人性化、互联性,特别是一些"傻瓜式"的设计,降低了使用媒体的技术门槛,也在一定程度上消解了传媒机构的权威性。另外,技术的进步使信息及时、有效、方便、快速地传播,满足了受众日益扩张的立体动态需求,增强了信息的绩效和生命力。

(四)内容资源的不足

传播上的无限化、需求上的个性化和时间上的即时性、沟通上的互动性,正是基于这些传播特点,新媒体才会在短短的几年间就取得了令人瞩目的成绩,给我们的生活带来了深刻的影响,并将在未来的发展中继续扩大这种影响。

媒体是平台,内容是附着在平台之上的应用和服务,依靠平台生存和传播。目前,大众的兴趣点在新媒体、新终端的信息传播,但决定谁胜谁负的关键不在这里。只要标准和制式统一了,成本下降了,谁都可以方便地利用新媒体、新平台进行信息服务,站在同一起跑线上,媒体之战谁能脱颖而出呢? 其实,不论新媒体还是传统媒体,归根结底都是"内容为王",内容才是媒体吸引受众的根本要素。在这一点上,数字新媒体明显处于劣势。

多年来,传统媒体不断挖掘新的资源,拥有一大批专业从事内容开发、制作的优秀人才,与运营商建立了一条完善的产业链。传统媒体内容的成熟度、信息来源的构架化、品牌的权威度都是新媒体所无法比拟的。近两年对手机电视的研究也多集中在如何开发节目内容上,技术上的融合最终将打倒"渠道为王"的媒体垄断源泉,"内容为王"才是未来媒体多元化格局下的真正掌控点和制高点。

三、新媒体运用于英语教学的优势

(一)新媒体使英语教学更具表现力

强大的表现力是新媒体的典型特征,将多媒体课件、报纸杂志 App、电子书、微博、微信、QQ 群、论坛等新媒体手段应用在大学英语教学中,可以使大学英语教学活动焕发出强大的生机与活力。与传统教学相比,新媒体改变了传统依赖英语课本的教学方法,将别具表现力的现代科技元素融入课堂教学活动中,使学生体验到了传统教学模式下不能感受到的多重感官体验带来的快感,大大激发了学生学习英语的兴趣与主动性。

(二)新媒体扩大了英语知识信息量

新媒体在很大程度上扩大了英语知识的信息储存量,不但教师可以使用新媒体进行教学,而且学生在课余时间可以利用网络新媒体工具、平台进行自我学习。例如,通过报纸杂志 App、电子书、微博等新媒体工具,学生可以拓展知识,不断提高英语水平,从而有效弥补传统大学英语教材的缺点和不足。同时,将新媒体平台上大量的立体化、形象化的英语知识信息引入课堂,也有助于突破传统教材内容与形式的限制,扩大英语教学的信息量,拓宽学生的知识面,提升大学英语的教学效率与教学质量。

（三）新媒体加强了英语教学的互动性

与传统教学形式相比，利用新媒体辅助教学可以实现较强的多向互动功能，使课堂变得更加有活力。尽管新媒体也存在着单向灌输、传播的不利表现，但这种形式大都是将多向互动作为前提和基础才得以实现的。借助多元化的新媒体平台，师生之间的交流沟通变得更加便捷与高效。例如，学生在课外遇到不解的问题可以通过老师建立的微博进行咨询，或直接在微信上找老师答疑解惑，学生与教师之间的互动得到明显加强。

（四）媒体形式的多样性

相较传统的语篇分析，当代的语篇分析的多模态化更加明显。多模态的语言学习模式更加依赖各种符号资源的整合，从文字、图片、音频、视频以及三维建模等多种多样的媒体形式，对语言进行深度分析与学习。就英语教学而言，从传统的课堂讲述发展到以电脑和投影设备为主的多媒体教学，再到如今新媒体环境下，以网络资源、微课、翻转课堂等为主流的多模态英语教学模式，教师教学突破了教材，在课堂上利用多媒体设备从听觉与视觉上多方面地刺激学生的感官，达到了激发学生学习兴趣和提高学生学习质量的目的。应该说，正是在新媒体形式多样性的帮助下，多模态教学模式下的英语课堂资源呈现了多元化、全方面、多角度的发展趋势，使多模态话语理论在英语教学中得到了更广泛的重视和应用。

（五）媒体传播的广泛性

现代多模态教学模式的推广离不开新媒体的作用，媒体传播的广泛性使得语音教学在不同的国家、不同的语言、不同的学校以及不同等级的教育中都有所应用。就硬件基础而言，多媒体教学在全国各类型、各层次学校得以普及与使用，加上近年来互联网以及计算机的快速发展，借助媒体这个载体的多模态教学模式也在我国的语言教学中广泛应用和普及。就师生认知而言，多模态教学的绝大部分元素，从多媒体教室、电脑、投影仪、教材、白板、视频、课件等到教师眼神、表情、手势、身体姿势和动作等都逐步得到了师生的认知，尤其是在信息多元化的背景下成长起来的学生，更是对多模态教学习以为常。所以，利用和推广多模态英语教学模式离不开新媒体传播的广泛性，我们应让多模态语言教学模式更好地为语言学习服务。

第二节　新媒体时代高校英语教学改革路径

媒介融合是指基于新媒体技术、横跨多重媒体平台的内容流动与组合,这是当下中国大学生普遍所处的媒体环境,也是他们驾轻就熟的生活与社交方式。当下大学生的思维和行动方式带有明显的媒介融合的特征,他们熟悉并且认同跨媒介、跨领域以及更频繁的人际信息流通与交换,这种日常生活的实践不可避免地影响着他们学习和认知世界的方式,也就对当下的大学英语教学提出了改革的要求。

目前,大学英语新媒体教学一般以语言实验室或装备有多媒体设备的教室作为教学实施场所,听说课主要由教师负责选择视听材料、设计问题,在教师解释语言的基础上进行视听内容的单向输入,由学生回答问题,而阅读或写作课的教师多使用多媒体展示文字或图像辅助教材内容的讲解。但在新媒体的环境下,这一模式正受到三个方面的冲击。

首先,学生接触语言学习材料的渠道大大增加,因此一个学期一两本教材以及每周45—90分钟的课堂教学可以提供的信息量显得非常有限。通过电脑和手机等便携式多媒体智能终端,学生可以利用互联网接触到海量的语言信息,从英语等级考试到托福、雅思等各种考试训练材料,再到最新的英美影视剧以及国际慕课平台提供的慕课或微课等以英文讲授的课程等,内容非常丰富。

其次,学生利用新媒体平台进行互动学习的方式越发灵活,从技术上可以更精准地定位自己的兴趣点,把握学习的进度,而教师基于教材的单向输入就显得形式呆板,效率低下。

最后,融合文化下,大学生的社交欲望更加强烈,体现为渴望展示和参与,但在大学英语学分减少、学时压缩的现实下,目前的课堂教学模式不易满足这一愿望。

大学英语教学面对的这些紧迫挑战,也恰恰预示着新媒体教学发展的机遇:媒介融合的时代背景必然要求外语教学更全面地走向信息化,实现外语教学从技术到观念的新媒体转向。目前,外语学界认识到这将有力推动教学机构与教师更切实提高使用信息技术的意识和能力,以更开放和务实的态度看待新媒体时代下的技术手段与英语教学间的可融合性。无论是大数据还是慕课等新技术、新形式,在与外语教学相结合时,都要深挖新概念外语新媒体教学的内涵,找准两者的契合点。

　　《大学英语教学指南》将大学英语教学要求分为总体描述和单项技能描述,前者包括语言技能与知识、跨文化交际能力与学习策略,后者则是传统的听、说、读、写、译五个方面。就单项技能而言,听、说能力与当前新媒体教学模式直接相关,读、写、译的能力则主要依靠纸质媒介。因此,新媒体时代的英语教学应尝试打破不同媒介间的界限,形成一种融合了媒介素养教育与英语语言培养的新概念教学,其内涵在于对学生媒介素养和跨文化交际能力的双轨提高,使其在全球化信息爆炸语境下,具有跨媒介、跨文化收集和筛选有效信息的研究能力,对既有信息进行加工、利用的批判思考能力,以及对信息进行整合并可以用多种形式进行流畅表达的交际能力。简言之,即具有跨文化的理解性媒介素养、批判性媒介素养和建构性媒介素养。

　　媒介素养是对传统的语言读写/认知能力概念的进一步扩展,而媒介在这里一般被理解为大众传播时代的电子媒介,如电视、电影、电脑等。Kress(2007)在《新媒体时代的读写认知能力》一书中写道,脱离社会、技术和经济因素来考虑读写认知能力是不实际的,当下有两个重要转变正在发生:一是图像时代的到来;二是屏幕正在取代纸质书籍成为信息传播的主要载体。传统基于书籍和文字的"写作"在形式和功能上都必然受到影响,文字写作的逻辑是受时间逻辑支配的语言逻辑,注重叙述的前后联系,而图像写作的逻辑更受到空间逻辑的支配,强调共时性下的因素间的空间关联。在这一背景下,英语认知能力的教育除了要重视学生对英语语言与逻辑的理解外,也需要强调对不同文化下承载和传播语言的媒体性质的认识,形成跨文化的理解性媒介素养教育。

　　基于印刷媒体的读写能力与更广泛意义的媒介素养在对人的能力培养目标上并无本质冲突,除了培养信息输入理解的能力,也要形成信息判断和输出的能力,实现有效交流。因此,在跨文化理解性媒介素养教育的基础上,还应提升学生批判性与建构性的媒介素质。然而,即便在媒介融合发生更早的美国,媒介研究学者也认为目前的媒介素养教育没有对这两方面给予应有的重视。凯尔纳、谢尔(2007)认为,面对互联网和媒介文化的无处不在,教育界如果忽略其在社会化和教育中的作用,是非常不负责任的,因为"媒介文化就是一种教育形式,它向人们传授着适宜与不适宜的行为、性别角色、价值观和对世界的理解。个体通常意识不到他们在被媒介文化所教育、建构,因为这种教育经常是看不见的、无形的"。詹金斯(2015)

则认为,传统的学校教育对媒介融合文化带给学习和认知方式的改变没有做好准备,"许多学校对这些体验仍持公开的敌意,继续制造自主解决问题者和独立的学习者""媒体主要是被当作威胁而不是资源来解读"。

2011—2012年对中国研究型大学学生的媒介素养的一次调查显示,尽管研究型大学的学生具有较高的智力水平和综合素质,但是在大众媒体时代,当面对鱼龙混杂的媒介信息时,他们仍然表现出较低的媒介素质层次水平,主要表现为缺乏必要的媒介知识和辨识能力,无法将自身的信息需求与媒介所提供的内容有效联系起来,而且利用媒介获取信息的能力有待提高(原松梅,2013)。学校和社会都严重缺乏对媒介素养教育的意识和规划,对媒介影响的关注多是如何限制学生使用媒介或督促他们抵抗媒介的诱惑,而非系统性地积极指导学生有效使用媒介。

如詹金斯(2015)指出,年轻一代应该被指导"获得参与新媒体的相关技能""不仅需要学会做一名挑剔的消费者,而且要学会做一名媒体内容的积极制作者和传播者""需要学会如何驾驭社会网络,如何与那些拥有不同规范和价值观念的人互动,如何作为集体智慧运行过程的一部分来汇总知识,从而在正在围绕网络崛起的新文化空间里积极地生活"。目前,国内研究型大学中仅有十几所开设了媒介素养相关课程,这远远不能满足实际的需求(原松梅,2013)。但由于师资匮乏,加之在理论体系和教学方法建设上也不完备,要短时间内实现专门的媒介素养教育的难度较大。这恰恰给大学英语新时代教学提供了发挥所长的机会。在全球化和新媒体两大时代潮流面前,大学英语教学与大学生媒介素养教育对人才培养的目标非常一致,即培养可以应付时代挑战的具有思辨力、创造力、道德感和责任感的合格人才。在媒介素养教育方面较发达的英国,早在1997年就设立了一批旨在研究多媒体艺术以及探讨如何将多媒体教育与传统数学、物理等学科进行结合的专门项目学院,而相当一部分教师正是受过正规培训的语言教师,因为语言教学与符号学的密切关联让他们更容易对"意义产生的系统"感兴趣并对之具有敏感性(Burn&Durran,2007)

对学生能力提出的新要求,也要求教学组织单位和教师在进行教学设计和教学规划时转变观念,不仅将新媒体教学技术作为一种锦上添花的手段,也要认真思考和摸索将新媒体教学的内涵纳入教学目标的方法与途径。目前学界对大学英语教学新模式的探讨多集中于对新技术平台的使用与建构。如基于QQ平台(李秀静,2013)、基于微信(柴阳丽,2014)、基于社交媒体(朱晔,2015)或基于网络与课堂混合平台（邵钦瑜，2014；陈坚林，2015）等，提出了较好的具备操作性的建议。这些模式的探讨都采纳了建构主义的学习理论，从可理解的语言输入和输出上着手，旨在研究新的技术平台对教学手段的丰富和师生互动的促进。如果对应新概念大学英语新媒体教学的内涵，还可以从模式建构的深度上进行挖掘，在教学任务设计上加以体现。

将对媒介素养能力的培养纳入语言技能培养的框架内，不是要将英语课完全等同于媒介素养教育课。对新概念大学英语新媒体教学内涵的挖掘，其最终目的在于让大学英语课程在媒介融合的技术文化背景下重新具有活力与效率，最大限度地发挥培养学生语言能力和文化素养的双重功能，让学生形成更广泛的英语媒介认知能力，同时增加教师的时代感与成就感。这一内涵体现了大学英语作为大学人文类公共基础教育课程的时代特征，大学英语在完成工具性或人文性的教学任务时，有必要对新媒体纳入教学的方法进行更深入的思考。媒介融合既是一种技术潮流，又是一种文化现实，它应该被作为教学目标融入教学的任务设计与实施中，语言教学的意义可以拓展为更深刻地对意义产生、建构和传播方式的关注。外语教学的功能应该被提升为外语新媒体教育教学，即不仅是一种技术教学手段，也要肩负素质教育的功能。本书提出的教学设计模式都要求外语新媒体教学平台的支撑，打破课堂内外、校内校外、线上线下以及国内外的界限，实现优质资源共享与融合。随着我们对新媒体技术的认识更成熟，获得的实际经验更多，可预见模式会更多元、丰富。

这当然也对大学英语教师提出了更具体的挑战。教师引导学生认识、理解跨文化多媒介传播的过程，也必然是自身对当下文化进行深入思考、对学科教学知识进行夯实和发展的过程，而学生对技术的亲密性，很有可能在这一过程中为教师带来启发和帮助，真正实现教学相长。我们鼓励学生积极使用跨媒介的集体智慧解决问题，也需考虑如何切实进行大学英语课程团队的融合建设，大学英语教师在新媒体时代需要通过贡献和共享集体智慧的方式，共同应对时代的挑战。

当前，我国已经进入信息化时代，信息技术的发展推动了高校教育的变革，高校信息化教学得以蓬勃发展。信息化教学是指依托现代信息技术，将新的教学理念、方法、技术等引入教学，改变传统的教学体系，以此提升教学质量。新媒体是伴随信息技术发展而出现的媒体形式，也是信息化教学中必不可少的工具。在新媒体语境下研究高校信息化教学的拓展策略，符合当前教育的发展趋势和总体规划，可以有效推动信息化教学的健康发展，具有重要的研究价值。

一、高校信息化教学中存在的问题

第一，高校缺乏对信息化教学的正确理解。信息技术虽然已经在社会生活中得到广泛普及和应用，但是应用于教学的时间较短，很多高校对信息化教学缺乏正确的理解，其所认为的信息化教学仅仅局限于利用网络查找资料、利用多媒体播放视频、图片等，因此，在开展信息化教学时容易走入极端和误区。

第二，高校信息化教学资源体系不够科学。信息化资源是高校信息化教学顺利开展的基础和依据。当前，高校一直致力于信息化教学资源体系的建设，旨在推动信息化教学的顺利开展，但是大多数高校的信息化资源体系还不健全，缺乏科学的管理和协调系统。

第三，高校信息化教学效果无法得到保证。信息化教学形式新颖、内容丰富，符合大学生的心理需求，受到大学生的普遍欢迎，高校也积极开展各种形式的信息化教学，但是就信息化教学开展情况来看，教学效果没有达到预期。

第四，高校信息化教学师资力量有待加强。信息化教学在理念、内容、方法等方面都不同于传统教学，因此，对教师素质也提出了更高的要求。

第五，高校信息化教学评价体系不够完善。评价体系是客观全面地衡量信息化教学质量的有效手段，因此，建立完善的评价体系至关重要。当前，我国高校信息化教学发展还处于初级阶段，教学评价体系还存在许多不足。

二、新媒体语境下高校信息化教学的路径

（一）建立科学的信息化教学认知

高校要保证信息化教学的顺利开展，最重要的是要对信息化教学建立全面、客观的认知，并以此为基础更新思想，树立新的教育理念。首先，信息化教学仅仅是一种依托网络技术及资源、移动设备、多媒体等的教学手段，而不是高校教学的全部内容。教师在开展信息化教学时要有理性的思考和态度，建立科学的认知，避免盲目推崇或完全排斥信息化教学。其次，教师在开展信息化教学时要做到以教学内容为基础，以学生实际情况为出发点，一方面，要根据教学内容的需求来使用信息化教学，而不能不加区别地滥用；另一方面，要以学生为本，根据学生的基础水平、接受能力、个人需求等设计信息化教学过程，激发学生的学习自主性，提高信息化教学质量。

（二）重视信息化资源的建设管理

信息化教学资源的建设和管理直接关系到高校信息化的教学质量，高校要充分利用新媒体和信息化技术搜集资源并进行科学管理。首先，运用新媒体，从多个渠道搜集信息化教学资源，如互联网资源、移动设备资源等，之后将搜集的资源进行科学管理。一方面，通过筛选保证信息化资源的质量，然后按照不同科目、等级、难度等设置层次化的管理体系，使学生能够轻松获得针对性的学习资料；另一方面，搭建信息化学习平台，如网络课程平台、数字图书馆、教学程序等，让学生可以有更多的渠道学习。其次，国家牵头建立不同高校之间的信息化教学资源协调系统，促进不同高校之间信息化教学资源的共享，这样高校不仅可以节约人力、物力、财力，还可以借鉴其他高校的优点，促进自身健康发展。

（三）建立科学的信息化学习反馈机制

高校开展信息化教学的最终目标是通过创新教学内容和方式来提升教学质量和学生的学习效果，基于此，教师要及时了解学生信息化学习的进度和成果，因此，建立科学的信息化学习反馈机制至关重要。首先，引导学生使用信息化手段开展学习，培养学生自主学习的能力。例如，引入翻转课堂、慕课、微课等教学模式，教师还可以布置一定的任务课题，让学生以小组形式通过查询资料、提炼总结等解决问题。其次，建立学生学习的监督反馈平台。高校建立信息化学习平台，将相关教学资料和视频等放入平台，学生学习后会产生学习记录，教师通过学习记录可以了解学生的学习情况。另外，教师和学生可以通过平台进行交流，及时了解学生在学习中的问题并解决，以改善教学效果。

（四）培养高素质的信息化教师队伍

在开展信息化教学时，师资力量是影响教学效果的重要因素，因此，高校要培养一支高素质的信息化教师队伍来保证教学质量。首先，教师要更新观念和思想，与时俱进，树立信息化教学理念，正视信息技术对教学发展的推动作用，认识到信息化教学已经成为高校教育不可逆转的趋势，只有顺应这一趋势才能保证高校教育的效果。其次，教师要积极学习信息知识和技术，了解信息化教学可能用到的技术手段，如互联网、多媒体、移动设备、数字资源等，然后学习与之相关的技术，如信息搜集加工、视频制作、网络教学平台搭建、网络课程开设等，不断提升自身的信息化素养。

（五）建立科学的信息化教学评价机制

科学评价信息化教学的过程和结果可以促使其不断改进和完善教学体系，推动信息化教学的健康发展，因此，建立科学的信息化教学评价机制至关重要。首先，改变以往完全由教师评价的"一言堂"模式，引入其他的评价主体，如加入学生评价环节或者邀请外部专家对学校的信息化教学成果进行评价，保证信息化教学评价的客观性。其次，不再单纯以考试成绩来衡量信息化教学效果，而是建立完善的评价指标体系，引入尽可能多的评价指标，不仅评价学生信息化学习的成果，还要评价过程，例如，学生对信息化教学的认可度、网络学习的时长、参与网络交流沟通的频率等，全面考核学生在信息化教学中的表现和成果。

第三节　多媒体与高校英语教学

一、媒体与多媒体

信息通常是需要通过一定的物质载体来表示的，这些用来表示信息的物质载体就称为信息媒体，简称媒体。在教学实践中，可用的信息媒体种类很多，最常见的媒体包括声音、图像、文字、数据等。

"多媒体"，顾名思义是"多种类型媒体的综合"，重要的问题是怎样"综合"。在学校教育技术的发展过程中，教师们发现，把多种媒体结合起来教学，比只使用单一媒体教学能优化课堂教学，因此应用系统观点设计的"多媒体组合"课堂教学一度成为教育技术的热门话题。

这里讨论的"多媒体"是指多种媒体信息综合处理的结果，具体地说，是具有多种信息表现形式的一个媒体系统。确切地说，多媒体技术是以数字化为基础，能对多种媒体信息进行采集、编码、存储、处理和表现，使之成为有逻辑联系的整体，并具有良好交互性的技术。从技术发展和社会进步的趋势来看，单媒体的信息服务将逐渐转变为多媒体的信息服务。

网络多媒体技术是一门综合的、跨学科的技术，它综合了计算机技术、网络技术、通信技术以及多种信息科学领域的技术成果，目前已经成为世界上发展最快和最富有活力的高新技术之一。与其他许多先进技术一样，网络多媒体也经历了从单一到综合、从简单到复杂的逐步发展过程,并且还将不断地向前发展。

首先,多媒体技术的发展在通信、计算机、视像等领域中扩张了系统功能,提高了系统性能,产生了很好的经济效益和社会效益,并为网络多媒体系统的形成和发展提供了有利的技术基础。

其次,计算机网络也有其发展过程。今天,计算机网络已经发展成为现代社会信息网络的重要基础设施,各种多媒体技术的发展以及计算机网络本身综合技术水平的提高,使各种分别发展的多媒体技术与计算机网络信息技术综合起来形成网络多媒体系统成为社会信息化发展的必然趋势。一体化不是指将各种多媒体技术在计算机通信网络中简单地集合在一起,而是根据计算机网络系统的总体目标和网络系统功能、性能的总体要求,统一设计和规划多媒体技术与计算机通信网络中的采集、处理、存储、传输和显示控制技术的结合。已有的各种多媒体技术,有的可以直接利用,有的需要进一步改进和发展,还有的则可能需要被淘汰或重新设计。

二、多媒体辅助教学

(一)多媒体教学的基本模式

多媒体教学是根据教学目标和教学对象的特点,在教学过程中,通过教学设计,合理选择和运用现代教学媒体,即通过计算机、视频展示台、投影仪等设备,将图形、图像、声音、文本、动画等多种媒体有机结合在一起,以多种媒体信息作用于学生,与此同时还要和传统教学手段优化组合,共同参与教学全过程,形成合理的教学结构,达到最优化的教学效果。多媒体教学的一般模式有:

1. 课堂演播教学模式

课堂演播教学模式在课堂教学中主要有两种方式:教学呈现和模拟演示。

2. 个别化教学模式

与个别化教学模式相对应的多媒体课件有两类:多媒体教材和教辅类电子读物。

3. 计算机模拟教学模式

计算规模拟教学模式所涉及的问题有:基本模型、模拟的呈现与表现问题、系统的反应及反馈。

4.探究式教学模式

探究式教学模式一般由以下几个环节组成：确定问题、创设教学情境、探索学习、反馈、学习效果评价。

5.协作化教学模式

协作化教学模式是指以小组为单位，通过完成小组共同的任务来进行教学组织。在协作学习中，成员个人学习的成功以他人的成功为基础，学习者在相互依赖、相互合作、共享信息与资源、共负责任、共担荣辱的基础上，完成共同的学习任务，以实现相同的学习目标。

6.基于因特网的远程教学模式

远程教学模式主要由远程考试系统、网上交流系统、资源库系统、教学管理系统组成，是一个完善的基于因特网的学习环境。

（二）多媒体辅助英语教学的基本原则

1.整体性原则

英语教学是一个循序渐进、学习内容系统化的连续过程。多媒体辅助英语教学更应该遵循教学目标渐进化、学习内容系统化的规律。整体性原则主要体现在两个方面。一是多媒体辅助英语教学所承担的对象具有整体性。要注意学生的生理、心理与智力技能的和谐发展，提高学生的整体素质。在英语语言技能方面全面发展。二是多媒体辅助英语教学系统具有整体性。多媒体辅助英语教学系统是一个由相互联系、相互依赖、相互制约的四个要素，即教师、学生、多媒体信息、多媒体技术组成的有机整体。要使多媒体辅助英语教学的功能得到充分发挥，取得最佳效果，必须树立整体观念，适时处理好各个要素之间的关系，使各要素在完成具体的目标过程中，实现有机配合，使多媒体辅助英语教学整体功能得到最充分的发挥。

2.立体性原则

著名英语教育家张正东先生曾于 1995 年提出这样一种教学观点，即"外语教学是以学生、目的语和教学环境为三维，而以经济发展为底，以跨国文化交流为顶的立体系统。"这种立体性的教学原则更应该体现在"媒体使用的多样化、教学目标的多维化、言语认知过程的多元性和教学方式的交叉性"这四个方面。多媒体辅助英语教学就是要充分利用各类教学媒体，对于这些教学媒体的正确态度是：既不能兼收并蓄、越多越好，也不能只依赖于单纯的一种，而拒绝其他。

3. 最优化原则

最优化原则主要体现在英语教学媒体选择与组合的最优化原则。媒体的选择与组合应是当前条件下最佳的、最好的。选择媒体时要考虑到教学的需要和媒体的特点与功能。但是，不能说无论用什么媒体，都可以使学生所学到的东西同样多，同样好，各种媒体都有不同的功能和特点。某一种媒体，对某一种教学活动来说，可能会比别的媒体更有效。但是，没有一种人人适用、处处适用的万能媒体。使用多种媒体比只用一种媒体的学习效果好。因为教学包括许多环节和步骤，需要多种媒体配合，因为多媒体可以使学生通过多种感觉器官去接受知识，从而增强学习效果。

4. 主体性原则

在多媒体辅助英语课堂教学中，一是体现出教师和学生都是主体，是双主体。教师的主导作用主要表现在：认真进行教学设计；编制高质量的多媒体辅助英语教学课件；确定符合学生接受能力的教学信息量，选择适当的多媒体材料；引导学生生动活泼地、主动地进行学习。学生的主动主要表现在：学习时认真观察，积极思考，能发现、提出问题，并运用所学知识分析、解决问题；通过自己动脑、动手、动口去获取知识，发展智能；能选择合适的多媒体教材进行有效的自学。二是在多媒体辅助英语课堂教学中体现出新型的师生关系。新型的师生关系是一种民主、平等、友好、合作的关系。

5. 认知原则

多媒体辅助英语教学的认知原则，一是要关注学生的认知发展，培养其认知策略；二是要充分考虑到学习者的学习策略和记忆习惯；三是要关注学生的认知差异，对不同学习风格的学生进行个别化指导。在贯彻认知原则时，还应该注意学习者的认知需求、情绪情感、兴趣与态度等。多媒体辅助英语教学的出发点和归宿，落实在每一节课中就是目标。目标要切合实际，不能太高，太高了，达不到，学生容易失望，影响情绪；也不能太低，太低了，学生很容易达到，也起不到激励作用。多媒体辅助英语教学要能够帮助学习者超越自我的束缚，运用不同的学习方法，培养有效的学习策略，从而提高学习者的综合素质。

6. 文化原则

跨文化意识和跨文化交际能力的培养是英语教学的一个重要内容。语言与文化密不可分：一者，语言与文化的密切关系已经决定了语言教学离不开相关文化的教学;二者,由于跨文化交际已经成为时代的特征,培养跨文化意识不仅仅是英语学习本身的需要,同时也是英语教学适应当代社会发展的必然。文化原则还包括英语交际能力的培养。多媒体辅助英语教学不仅要使学习者习得语法、词汇等语言知识,还要为学生进行英语交际实践提供条件。所以,应该把语言知识设法置入模拟或真实的交际情境之中,充分利用信息载体的多样化和集成性,将语言材料及其文化背景知识图文并茂、声像俱全地展示给学生。当然,还可以有意识地选择同一个文化的不同侧面或多种不同的文化,让学生将它们与本族语文化相比较,从而增强学生对文化差异的敏感性。英语教学,尤其是多媒体辅助英语教学,通过使学生大量接触不同民族群体的语言、价值观念、生活习惯、社会习俗等文化侧面来培养他们的跨文化交际能力和多层次的立体思维能力。

7. 反馈性原则

多媒体辅助英语教学必须有反馈通道,利用反馈来实现调控。所谓"反馈"就是从教学对象处获得信息,以作为调控教学过程的依据。不论是学生的反馈还是教师的反馈,都要及时、准确,这样才能起调控教学过程的作用。在多媒体辅助英语课堂教学中应经常注意来自学生的反馈信息,及时、准确地了解学生的情况。否则,就不可能根据教学大纲的要求,搞好教学过程的调控,也就很难保证教学质量。所以,多媒体辅助英语教学一定要坚持反馈性原则,要在学生的学习过程中及时强化、加强知识的记忆。而多媒体辅助英语教学容量大、效率高,有助于记忆。计算机给予学生的及时反馈和及时强化是很有效的。

8. 视听与思考结合的原则

在多媒体辅助英语课堂教学中,视听与思考紧密相连,不可分割。视听与思考相结合,就是多媒体辅助英语课堂教学不能使学生的认识仅仅停留在感性阶段,而必须从感性上升到理性,由形象思维向抽象思维转化。在多媒体辅助英语课堂教学中要注意词与图像的统一,既要为学生提供丰富的事物的具体图像,又要善于运用词语作恰如其分的讲解,使多媒体演播和教师的讲解密切配合,做到演播适时,讲解恰当。

(三)多媒体辅助英语教学的影响

多媒体教学为我们提供了克服传统教学弊病的全新的教学方式。利用多媒体技术,可以演示在实际中难以观察到的实验现象,可以从各个角度展示三维立体图形,可以使一些抽象难懂的概念变成具体的可观察的画面、图形,可以动态地演示一些变化过程,也可以把一些变化过程分阶段进行演示等等。

1. 有利于创设良好的英语交际环境

多媒体辅助英语教学为我们提供了克服传统教学弊端的全新的教学方式,使抽象的、枯燥的学习内容转化成形象的、有趣的、可视的、可听的动感内容,成为英语教学的发展趋势。英语课堂教学的目的,主要是让学生在课堂上多进行交际。交际可以是书面的,亦可以是口头的。优质高效的课堂交际活动可激发学习者的学习动机,让学习者有机会练习整体表达能力,有利于学习者自然习得语言。课堂交际活动将课堂变成了一个"小社会",这样的语言训练更富有灵活性和挑战性。多媒体辅助英语教学的交互性和智能化有利于激发学生的学习兴趣,成为医治中国学生"哑巴英语和聋人英语"这一通病的良药。利用多媒体技术的强大功能,学生们不仅可以和多媒体电脑设置的虚拟人物对话,还能依据电脑的评判修正自身的错误。

2. 有利于拓展学生的思维空间,提高学生的学习兴趣

在利用多媒体技术创设良好的英语交际环境中,其工具性和交互性有利于线性和非线性地呈现教学材料,通过语言、图像和声音同时作用于学生的多种感官。在学生不断进步的过程中,其直接用英语思维的能力经常得到锻炼,因而能更有效地提高其运用英语进行交际的能力。

多媒体技术可以创设生动逼真的教学场景,从而可以大大调动学生的学习积极性,激发学生的求知潜能和欲望。学习英语,必须了解一些英语国家的生活环境以及文化背景。多媒体技术则可以为学习者创造这样一个环境,让学生了解英语国家人民的生活方式、文化背景以及语言表达习惯等,融身心于英语活动之中,增强学生的学习兴趣并调动学生的观察力和想象力。

3. 有利于大幅度提高课堂教学效率

现代多媒体技术在英语教学中丰富了教学内容,更新了教学手段,改善了教学环境。利用计算机本身对文字、图形、动画和声音等信息的处理能力,弥补了现行英语教学模式在直观感、立体感和动态感等方面的不足,也使学习者能更主动、积极、准确地理解语言和它所表达的思想意义。

运用多媒体辅助英语教学,可以大大提高英语课堂的教学容量,使课堂教学内容更加充实,引导学生主动学习;多媒体辅助英语教学新颖活泼的形式更能激发学生学习英语的兴趣和热情,从而形成一个良性循环的学习过程。

4. 有助于构筑新型的师生关系

长期以来,大学英语教学一直沿用"以教师为主导"的教学原则,教师在课堂上占据了大部分时间,因而限制了学生的实践机会,抑制了学生的学习积极性。而在多媒体辅助英语教学过程中,教师与学生处于平等、友好的地位,教师是课堂活动的设计者和管理者、学生实践活动的鼓励者和合作者、学生问题的分析者和解答者,成为学生学习的引路人。运用多媒体技术的教学活动中,多媒体呈现的教学材料让学习者产生一种身临其境的感觉。教师可以充分利用多媒体技术提供的知识、情景、会话等学习内容,积极调动学生的学习积极性、主动性和创新精神,构筑他们自己的知识库。学生可以在教师的指导下,根据自身的实际选择适合于自己水平的学习内容以及学习方式来强化自己英语语言知识技能的学习。

5. 有利于教师自身素质的提高

教学手段的现代化标志着教育观念的更新和变革,它超越了教师讲解和传统学习的线性模式。运用多媒体教学既为英语教师进一步提高教学质量提供了物质保证,同时又对教师自身的素质及知识的储备提出了挑战。多媒体教学要求教师既要掌握计算机的基本知识和操作技能,又要能辅导学生上机操作。多媒体技术的应用促使外语教师改变传统的"以教师为中心"的教学模式。多媒体技术的应用还促使大学英语教师积极学习、研究多媒体技术对外语教学的各种影响,积极探索、研究多媒体技术,并根据自身和学习对象等实际情况,不断学习、应用新技术,利用多媒体技术开发、研制出更多适应学生需要、能提高学生英语语言能力和应用能力的课件。教师应主动适应现代社会的发展,紧跟时代步伐,不断更新教育观念和教学方法,促进学生自主化和个性化的发展。

三、远程教育与英语教学

在不同的国家,对远程教育有不同的称呼。在澳大利亚,它被称为校外学习;在美国,它被称为校外学位、家庭学习或独立教育;在英国,它是开放大学的重要组成部分。有时,它则被简单地称为非正式学习方式或弹性学习方式。

(一)英语远程教育的意义

1. 社会经济发展的需要

21世纪是一个信息时代,国际的政治对话与贸易往来,世界范围的信息技术与技术传播,资源与教育共享,都是以英语作为主要传播工具。虽然在改革开放以来的20多年中,我国的英语教育无论在规模上,还是在质量上都得到了极大的发展。但是从整体来看,英语教育水平不高,还不能满足新世纪国家科技和经济发展的需要。在这种社会发展的背景下,英语远程教育应运而生,满足了日益扩大的英语教育需求,弥补了常规教育的缺口。

2. 构建全民终身教育体系

全面建设小康社会的目标之一就是要形成全民学习、终身学习的学习型社会,促进人的全面发展。我国幅员辽阔,各地区经济发展不平衡,英语教育状况、教学水平差别也很大。特别是西部边疆地区,英语教育一直较为落后,远远跟不上时代的发展。要实现小康社会的目标,就需要提高全民的素质,使每个公民都有学习英语的机会和条件。英语远程教育可使人们获得学习英语的机会和条件,接受终身英语学习,提高自身的文化素质和社会竞争能力。发展英语远程教育,具有成本低、见效快、辐射广、学习不受时空限制、学习方便等优势,完全符合我国"穷国办大教育"的客观实际。

(二)英语远程教育的实践

用远程教学的形式进行英语教学,有许多正规课堂所缺乏的便利。

1. 英语远程教育对教师的要求

(1)改变观念,建立以学生为中心的思想。在现代远程开放教育中,提倡教师做学生的朋友,做学生学习过程中的引导者、咨询者、组织者、鼓励者。教师要扮演多种角色,为学生学习提供高质量、全方位的支持服务。开放教育的学生大多是业余学习,会受到来自工作、生活等各方面的压力和干扰,学习时间经常难以保证,同时各自的学习习惯、学习能力也有所差异,作为教师要充分考虑学生的特点,以学生的学习为中心进行教学辅导。

(2)制作高质量的多媒体教学课件。制作多媒体教学课件,是提高课堂教学质量的重要手段,跟随课件学习会使学生有一种轻松而循序渐进的感觉。运用多媒体课件教学具有以下优点:①简明、易懂、直观;②容量大:课件的内容可包含书本知识,还可增加课外知识,扩大学生的知识面;③综合性强:既能培养学生的英语语言基础,又能培养学生实际使用英语进行涉外交际的能力;④灵活性强:既可以满足英语水平较低的同学,让他们看得懂,也可以使有较高英语水准的同学有丰富的教学资源可供学习;⑤文声并茂:每单元中的课文和阅读两部分可配上朗读录音,学生在学习过程中可以跟随课件纠正自己的读音。

（3）丰富网上教学资源。教学资源匮乏是目前网上教学的普遍现象,而具有丰富的网上教学资源,才有实现由学习者对课程进行自主选择的可能。教师要注重以知识点为单元课程的开发,组织开发单元知识点,让学习者根据自己的需要进行重点学习并选择自己的课程组合。另外,教师要发挥网上教学的多种交互手段和交互方式,提供有效的交互活动,让学习者自由地与教师进行交流,并从中受益。同时,运用电子邮件、电话等答题,教师将要讨论的内容公布于电子公告栏或以问答的形式进行网上交流,这种双向的交互可以使学习者不受时间地点的限制,并让学生熟悉和使用多种媒体进行多途径、多方式的学习和交流讨论。

（4）充分利用英语教学网站与网页。英语是一门集听说读写译于一体的综合性较强的课程,过去由于受环境的局限,英语学习者和英语国家的人之间进行交流受到时间和空间的限制。在信息技术飞速发展的今天,人们已经能够轻松自如地利用互联网获取包括英语国家文化和人民生活在内的英语语言背景知识。教师可在网络上寻找并挑选出适合学生阅读的文化背景知识,下载到自己的文件夹中,上课时利用多媒体直接将网页展示给学生。阅读能激发学生学习英语的兴趣,有助于扩大词汇量,丰富语言知识,提高运用语言的能力。英语教学网络给学生提供了大量的丰富多彩的英语资源,并配有相关的练习,使学生在轻松的环境中扩大了知识面,提高了阅读速度和学习效率。

2. 英语远程教育对学生的要求

（1）了解英语学习规律,培养英语学习兴趣。英语作为一种语言,有其自身的学习规律。非英语专业的学生,尤其是作为在职的开放教育的学生,在没有较多的自由时间可供支配,又较长时间没有接触英语的情况下,进行英语学习有一定的难度。英语是一种文化载体,因此英语学习涉及各科知识。一个英语学习者,可以通过对相关学科学习规律的认识,推理英语学习规律。英语学习包括行为和认识,记忆和思维,归纳和演绎,综合与分析,知识的获取和技能的形成,口语活动和书面活动,理解与表达,交际活动和智力活动,形式与内容,心理活动和社会活动等,是许多方面的对立与统一。作为学习者,要在了解这些规律之后,找出适合自己的学习方法,更重要的是,要经常总结经验,在英语学习过程中,要发现英语语言学习规律和使用规律,从而创造性地而不是被动地学习,也就是要有兴趣地进行学习。兴趣是学习的生命,兴趣是最好的老师。

(2)制订科学的学习计划。传统的课堂教学中教师把学生作为"传道授业解惑"的对象,教师教,学生学,教和学在时间和空间上同步的这些现象已经不存在于开放教育中。因此,学生要通过学习计划的制订与实施,借此培养和提高自我管理学习的能力和自我控制能力。远程教育模式下的英语学习计划应包括如下内容:

①教学媒体的使用。在制订计划之前,参加面授辅导或向辅导教师进行咨询,了解所学内容的媒体资源。学生根据自己的实际情况及不同媒体的优缺点,选择适合自己的教学媒体或媒体组合。

②学习进度。选择适宜的学习进度对学习者有重要的意义。传统教学模式多是以拥有较多知识和信息的教师通过课堂教学传授知识,学生基本上通过教师和课堂获取知识,学生无须考虑学习进度,教师讲到哪儿,学生就学到哪儿。在自主学习时,学生需要自主决定个人的学习进度。学习者可向辅导教师求助,请辅导教师帮忙制订学习进度计划,这样在参加面授辅导时,词汇重点与语法重点及难点可及时得到巩固,疑难能得到解答。

③参加面授辅导及疑难解答。远程教育模式下,学习者有各种学习支持服务媒体可用,但这些诸如广播、电视、电脑等新技术手段能否完全取代教师的作用?国际上一些著名的教育理论家普遍认为:不管科学技术如何发达,现代化的教学媒体都不能完全取代教师。在学习过程中,尽管学生可以通过 E - mail、直播弹幕等向辅导教师寻求帮助,请求释疑,但英语是一种语言,语言的东西还是面对面交流更容易被接受。许多学习中心以课程为单元进行辅导,学习者应根据自己的条件,有计划地参加面授辅导,进行质疑,寻求释惑。而且参加面授辅导时,学习者之间能相互交流,相互启发,彼此之间增加了解,取长补短。这样,也可以避免远程教育模式下学习者的孤独感与隔阂感。

(3)养成良好的个体学习习惯。对远程教育者的研究表明,在强调学习者学习的主动性时,并不意味着所有的学习者都能随时处于积极的学习状态中。恰恰相反,由于受传统学习观念和教育方法的影响,学习者在学习上往往具有很强的依赖性,一些学习者在没有教师或家人监督的情况下,放任自己,不能很好地指导自我学习。而养成一种良好的习惯可以保证良好的学习效果,有了学习习惯又可以使学习者保持长久的学习实践,学习能力才有可能形成。

(4)学会使用英语工具书。英语学习工具书一般包括语法书和词典。从远程教育学习者所使用的文字教材看,语法不是学习的重点,但测试所涉及的内容却比较多,学习者应该学会查询语法书,对所涉及的语法有适度的了解。通过英语解释英语来学习词汇有时理解反而更透彻。

　　远程教育在各方面都有别于常规的学校教育。从简单的函授教育发展到今天以高科技为依托的远程教育,人们总结出了不少宝贵的经验。英语教学不同于其他学科的教学,它需要图像、声音、文字等多媒体的配合。远程英语教育是一个庞大的系统工程,需要政府、教育机构、教师和科学家的通力合作。

第九章

信息技术与高校外语

教学课程整合

从整体看,只要使用科学合理,现代化信息技术、设备在外语教学中被证明是有特点、长处的。外语教学中如何科学、合理地使用信息技术是值得研究的新课题。因为随着高校外语教学改革的深入,已经暴露出了一些问题。主要有教学理念单一;教学信息泛滥,信息技术使用不当;重教学形式,轻教学内容;忽视了外语教学的原有特点,忽视了对学生创造性思维和外语表达能力的培养;外语教师的主导作用没有正确有效发挥等。各地高校投入了大量的人力财力,但由于信息技术没有真正融入外语教学,其固有的优势还未得到真正的发挥。

第一节　信息技术与课程整合的概念与原则

信息技术正在改变一切,它的发展对社会的方方面面产生极为深远的影响,改变每一个单位乃至每一个人。

一、信息技术与课程整合的概念

信息技术就是能够扩展人的信息器官功能的一类技术。具体而言,信息技术是指能够完成信息的获取、传递、加工、再生和施用等功能的一类技术。人们通常认为,信息技术有四项基本内容,称为"信息技术四基元":

1. 感测技术——感觉器官功能的延长。感测技术包括传感技术和测量技术,也包括遥感、遥测技术等。它使人们能更好地从外部世界获得各种有用的信息。

2. 通信技术——传导神经网络功能的延长。它的作用是传递、交换和分配信息,消除或克服空间上的限制,使人们能更有效地利用信息资源。

3. 计算机和智能技术——思维器官功能的延长。计算机技术(包括硬件和软件技术)和人工智能技术,使人们能更好地加工和再生信息。

4. 控制技术——效应器官功能的延长。控制技术的作用是根据输入的指令(决策信息)对外部事物的运动状态实施干预,即信息施效。

在上述"信息技术四基元"中,通信技术和计算机与智能技术处在整个信息技术的核心位置,感测技术和控制技术则是核心与外部世界之间的接口。没有通信和计算机与智能技术,信息技术就失去了基本的意义;而没有感测技术和控制技术,信息技术就失去了基本的作用:一方面没有信息的来源,另一方面也失去了信息的归宿。

二、课程整合的概念

关于课程整合,迄今已有多种定义。李克东(2001)认为:信息技术与课程整合是指在课程教学过程中把信息技术、信息资源、信息方法、人力资源和课程内容有机结合,共同完成课程教学任务的一种新型的教学方式。

综合多位学者的看法,课程整合的关键是将信息技术与课程的教与学融为一体,解决技术与课程各自独立的"两张皮"问题,其目的是为了提高学习的效率。换言之,是为了学习效率的提高而整合,不是为了技术的应用而应用。

三、信息技术与课程整合的发展历程

现代信息技术教育应用(英文是 IT in Education 或 ICT in Education)自 20 世纪 90 年代以来大致经历了以下三个发展阶段:

1. CAI(Computer – Assisted Instruction 计算机辅助教学)阶段

这一阶段大约是从 60 年代初至 80 年代中后期。其主要特征是利用计算机的快速运算、图形动画和仿真等功能辅助教师解决教学中的某些重点、难点,而且这些 CAI 课件大多是以演示为主。这是现代信息技术教育应用的第一个发展阶段,在此阶段,一般只讲计算机教育,还没有提出信息技术教育的概念。

2. CAL(Computer – Assisted Learning 计算机辅助学习)阶段

这一阶段大约是从 80 年代中后期至 90 年代中后期。其主要特征是逐步从辅助教转向辅助学,即强调如何利用计算机作为辅助学生学习的工具,例如帮助搜集资料、安排学习计划、辅导答疑、作为伙伴与你平等讨论、谈心等等,即不仅利用计算机辅助教师的教,更强调利用计算机辅助学生的学。这是现代信息技术教育应用的第二个发展阶段,在此阶段,计算机教育和信息技术教育两个概念同时并存。

3. IITC(Integrating Information Technology into the Curriculum 信息技术与课程整合)阶段

这一阶段大约是从 90 年代中后期开始到现在。其主要特征是不仅将以计算机为核心的现代信息技术用于辅助教或辅助学,而更强调要利用信息技术创建理想的学习环境、全新的学习方式与教学方式,从而彻底改变传统的教学结构与教学模式。这是现代信息技术教育应用的第三个发展阶段,在此阶段,原来的"计算机教育"概念已完全被信息技术教育所取代。

从国际潮流来看,当前的信息技术教育应用正在逐步进入第三个发展阶段。在进入这个阶段以后,按理说,信息技术就不再仅仅是辅助教或辅助学的工具,而是要通过信息技术与学科课程的有效整合创建理想的学习环境与全新的学习方式,从而有可能改变传统的教学结构和教学模式,真正实现学校教学的深化改革,达到培养创新人才的目标。但是,由于各种原因,目前,无论国内还是国际的情况,信息技术与课程整合的要求与目标都还远远未能达到。

四、信息技术与课程整合的目标

传统教学在对前人知识经验的继承与掌握,以及系统科学知识的传授等方面有其优势,适合培养知识应用型人才,但不适合培养创新型人才。而当今社会,尤其重视创新精神,它"是民族进步的灵魂,是国家兴旺发达的不竭动力"。有专家认为,信息技术与课程整合的宏观目标是"建设数字化教育环境,推进教育的信息化进程,促进学校教学方式的根本变革,培养学生的创新精神和实践能力,实现信息技术环境下的素质教育与创新教育"。具体可以理解为:

1. 培养学生的信息知识与能力

具体内涵包括:信息获取(包括信息发现、信息采集与信息优选)、信息分析(包括信息分类、信息综合、信息查错与信息评价)、信息加工(包括信息的排序与检索、信息的组织与表达、信息的存储与变换以及信息的控制与传输等)、信息利用(包括如何有效地利用信息来解决学习、工作和生活中的各种问题)。

2. 培养学生的终身学习能力

通过对学生终身学习态度与能力的培养,学生具有主动汲取知识的愿望并能付诸日常生活实践,能够独立自主地学习,能够自我组织,制订并执行学习计划,并能控制整个学习过程,对学习进行自我评估。

3. 培养学生掌握信息时代的学习方式

信息技术的飞速发展,对于人类的学习方式产生了深刻的变革作用。学习者将从传统的接受式学习转变为主动学习、探究学习和研究性学习。学习者必须学会利用资源进行学习,学会在数字化情境中进行自主发现的学习,学会利用网络工具进行协商交流、合作讨论式的学习,学会利用信息加工工具和创作平台,进行实践创造的学习。

4. 培养学生的适应能力、应变能力与解决实际问题的能力

在信息时代,知识量剧增,知识成为社会生产力、经济竞争力的关键因素;知识

的更新率加剧,陈旧率加大,有效期缩短。另外,知识的高度综合性和各学科间相互渗透,出现更多的新兴学科、交叉学科,由此带给人们难以想象的社会生活、经济生活、政治生活和人类一切领域内的冲击波和影响力。在这种科学技术、社会结构发生巨变的背景下,适应能力、应变能力与解决实际问题的能力,将变得至关重要。

五、信息技术与课程整合的原则

信息技术与不同特点的学科课程的整合有不同的具体模式,不能参照同一标准或搞一刀切,但必须遵循一些共同的原则,这是顺利实现课程整合的关键。按照何克抗教授的观点,下列五条原则必须注意:

1. 要以先进的教育思想、教学理论(特别是建构主义理论)为指导

信息技术与课程整合是教育、教学领域的一场深刻变革,它不仅是先进的教学手段、教学方法的应用推广过程,更是教育领域内教学观念与学习观念的转变过程。建构主义作为一种新的学习理论和教学理论,强调"以学生为中心",让学生自主建构知识意义,注重培养学生的学习能力和创新精神,符合知识经济对人才标准的要求。

2. 要紧紧围绕"新型教学结构"的创建这一核心来进行整合

在这里,"新型教学结构"指以教师为主导,学生为主体的教学结构。这与一味强调"以教师为中心"的教学结构是不同的。传统教学在发挥教师主导作用的同时忽视了学生主体作用的体现,教师越主导,学生越被动。新型教学结构的核心在于充分发挥学生在学习过程中的主动性、积极性与创造性,使学生在学习过程中真正成为信息加工的主体和知识意义的主动建构者,而不是外部刺激的被动接收器和知识灌输的对象;教师则成为课堂教学的组织者、指导者,学生建构意义的帮助者、促进者,而不是知识的灌输者和课堂的主宰。

3. 要注意运用"学教并重"的原则来进行教学设计

针对当前流行的"以教为主"的教学设计和"以学为主"的教学设计,在课程整合中应当采用"学教并重"的教学设计,充分实现上述两者的优势互补,既发挥教师主导作用,又充分体现学生的主体作用。使以多媒体和网络为核心的信息技术,不仅仅能辅助教师的教,更能成为促进学生自主学习的认知工具与情感激励工具。

4. 要高度重视各学科的教学资源建设

没有丰富的高质量的教学资源,就谈不上让学生自主学习,更不可能让学生进行自主发现和自主探索,也无法改变教师主宰课堂、学生被动接受知识的状态。丰富的教学资源建设,是实现课程整合的必要前提,是创建新型教学结构、培养创新

人才的保证。但重视教学资源的建设，不是提倡让所有的教师都去开发多媒体素材或课件，而是鼓励广大教师努力搜集、整理和充分利用网络上的现成资源，或在找不到理想资源的情况下，学科教师自己或与他人（如信息技术公司）合作，进行自主开发或成品改造。

5. 要注意结合各门学科的特点建构易于实现学科课程整合的新型教学模式

教学模式属于教学方法、教学策略的范畴，但又不同于教学方法或策略。它是教师将多种教学方法和策略结合在一起综合运用，并在趋于相对稳定时形成的教学方式，所以是两种以上的教学方法和策略的稳定结合。

能体现新型教学结构的教学模式很多，而且针对不同特点的学科，课程整合的模式也不同。所以每位教师需要结合各自的学科特点，从最有利培养创新人才的角度出发，选择最合适的教学模式。例如，"研究性"学习模式、"协作式"学习模式都是适用于课程整合的教学模式。

第二节　信息技术对外语教学的影响

一、现代信息技术改变了外语学习环境

任何活动的发生都必须具备一定的条件和背景，在特定的时间和空间内进行，即都在一定的环境中发生，学习活动也不例外。我们把学习活动赖以发生的各种主观和客观的背景，统称为学习环境。"数字化决定着我们的生存"。以计算机、多媒体、网络技术、人工智能技术为核心的现代信息技术改变了外语学习环境，这就要求我们适应新环境，建立全新的外语教学观和外语学习观。

1. 支持外语学习环境改变的因素

互联网的信息无限，给英语教学和英语学习创造了信息财富，互联网从视觉环境、听觉环境、触觉环境、心理环境、交际环境、情景认知环境等为英语教学和学习构建了新的环境，这种环境主要依靠：

（1）多媒体技术的支持。多媒体技术是对音频、视频、图形、图像等多媒体信息进行综合与处理，能实现人—机交互式操作的一种信息技术。它将图、文、声、像融为一体，使外语教材的科学性、艺术性、交互性充分结合，大大增强了学习者对抽象事物的理解。通过观看多媒体教学软件，学生可以听到教师的声音，看到教师的神态，提高课堂模拟性，学生还可以观看与课程有关的文字、图像、动画资料等，提

高自主学习的质量。现代教学法认为外语教师不仅要向学生传授知识,更要发展学生的交际能力、语言表达能力和应对能力。多媒体技术在这方面已显示了明显的优势,它能提供图、文、声、像并茂的教学信息,通过教学信息的多元化呈现和交互式讨论,引导学习者主动参加各种活动,创造一种生动、逼真的学习和交际环境,创造一种不断适合学习者认知特征的学习环境。

(2)网络通信技术的支持。多媒体技术应用的最主要目的就是满足人们处理和交流各种信息的需求,但多媒体技术要发挥这样的作用也只有与通信技术结合起来,才能更充分地实现计算机的交互性、多媒体的复合性、通信的分布性以及电视的真实性等。

(3)学习者认知特征的支持。我们所说的学习者认知是特指在现代信息技术支持下,对学习信息实现转换、简约、贮存、加工、提取,使用感觉、视觉和听觉输入的所有认知过程,并在这一过程中显示出理智和相对的稳定性。

2. 基于现代信息技术的外语学习环境的特点

(1)外语学习环境的数字化(信息化)。利用现代教育信息技术所构建的外语学习环境具有情景的信息化,外语学习全球性、开放性和个性化学习等特点。从人类学习知识的角度看,声音、影像、图形比书本、黑板上的文字符号所载的信息更形象化、更具有吸引力。

(2)自主学习,多元化的学习模式。利用现代教育信息技术,学生不仅可以从容不迫地学习,充分发挥学习的积极性和主动性,而且不受时间、空间的限制,自由地安排学习,把以教师为中心的单一学习模式转变成了体现学生主体地位的多种学习模式。

学生可以自己定学习进度和选择不同的媒体,体现了人类学习的个性和心理特征差异的因材施教的道理,注重人的全过程学习,体现了人体心理学和认知理论的运用。网上外语学习资源是开放的,利用现代信息技术,可以走向世界外语学习资源的王国,寻找适合自己的学习资源。

(3)学习过程的互动性。利用现代教育信息技术的交互性、非人格化特征,实现发现式外语学习。学习者可以进入某个电子论坛进行网上讨论,这种互动性学习过程有益于激发学习者的主动性,激发学习者的学习兴趣。

(4)实现终身教育、终身学习,网络学习环境是依托。利用网络学习环境覆盖面广、层次多样化等特点,可以有效地把学习内容放在网络上展开,保证了学习的需要和教学目标的实现。

（5）外语学习观念的转变。在现代信息技术下，学校已经没有围墙，工业时代我们走向学校，而在信息时代，学校走向我们。家庭外语学习、社区外语学习、网上外语教育将与学校一样成为外语学习的重要渠道和学习资源。

二、现代信息技术改变了外语学习方式

现代信息技术充分利用多媒体的优势，音、图、乐、像、光、电、情融为一体，为学习者营造着一个个声情并茂、情感交融的外语学习环境，让学习者在轻松自如的环境中，学到正宗标准的外语，全面解决中国人学习外语的语言环境难题。通过网络学习和进行多样性的跨文化交流，从虚拟的学习环境中体验"真实"国外生活情景，外语学习方法出现了革命性变化。

现代信息技术最主要的特点之一是构建了人机互动的学习方式。多媒体计算机的交互性有利于激发学生的学习兴趣和发挥认知主体的作用。

人机交互是计算机的显著特点。多媒体计算机则进一步把电视机所具有的视听合一功能与计算机的交互功能结合在一起，产生一种新的图文并茂、丰富多彩的人机交互方式。凭借这种人机交互式学习，教育可以超越传统课堂教学的限制，可以让学生通过虚拟讨论、网络交谈、协作游戏、角色扮演、实时学习和反馈意见等多种手段，实现会话、协作等人际交流方式。对外语教学来说，这种功能尤为重要。

按认知学习理论的观点，人的认识不是外部刺激直接给予的，而是外部刺激与人的内部心理过程相互作用的产物，因此学生是教学过程中认知的主体。语言学习是一种极其复杂的心理过程，假如作为认知主体的学生始终处于比较被动的地位，肯定难以达到比较理想的教学效果，更不可能培养出创造型人才。多媒体计算机所创设的交互式教学环境为学生提供一种主动参与的可能，这对激发学生的学习兴趣，发挥学生学习的主动性进而获得有效的认知，有着积极的作用。

根据构成互动主客体的不同，互动有三种主要形式：学习者与内容的互动、学习者与教学者的互动、学习者与学习者的互动。在网络外语教学中，多媒体网络教学软件采用了图形操作界面，具有人机交互性。学习者主要通过媒体进行个别学习，从而形成了人—机、人—机—人、人—人三种互动的学习模式。

通过多媒体网络使用辅助外语教学的软件，改变了传统电化教育手段的单向传递情况，这能促进学生的主动学习，充分发挥学习的主动性。由于网络上装有各式各样的外语教育教学资料库、信息库、数据库等，学生可以根据自己的学习兴趣、爱好、能力和程度来选取外语学习的路径和学习的内容，确定学习的内容和数量，

选取适合自己的学习难度,并通过人机对话形式不断调整自己的学习过程。学习的效果可以由电脑及时反馈和评价,这样的学习环境有利于进行因材施教,有利于学生能力的培养和智力的开发,有利于培养学生的创造精神。

多媒体外语教学软件是学生学习外语最理想的工具。通过多媒体网络教学软件给出具体的情境,就能使学生看到图文并茂、视听一体的交互集成信息。集成信息的传递加速,改善了学生对信息的理解,产生亲切感,能激发学生用所学语言来进行交际的愿望,从而集中了学生的注意力,达到引人入胜的效果,使学生不再是被动的信息接收者。他们可以在需要时主动、及时地获取信息,充分发挥其教学主体的积极性。通过多媒体进行阅读教学、听说训练,可以播放配乐朗诵和录像片以打破沉闷的学习气氛,改变单一枯燥的学习模式,激发学生的学习兴趣,使之产生共鸣。

外语语境模式是多媒体最有效的功能之一。外语教学中的模拟也习惯称为模仿。无论哪种教学法都要求外语学习者通过模仿来掌握所学语言。各种教学法中模仿的方法各有千秋,但多媒体的模拟功能不受任何教学法的限制,可以满足各种教学法的要求,为学习者准备各种教法的教材,供其选择。多媒体有很大的存储功能和对信息的适时处理能力,可以对事物的发生和发展过程进行真实的模拟。使用模拟程序进行语言教学,学生面对多媒体,如语音音波图,能利用不断变化的画面进行外语交谈和讨论。也可由教师用屏幕显示,进行外语情景教学。在辅助外语教学中,多媒体还可用来做语言游戏。语言游戏有填词游戏、猜词竞赛、词语接龙、连词成组等类型。游戏是为词汇操练而设计的,学生一般很乐意与机器进行智力竞赛,这对培养学生的学习兴趣、提高语言能力是很有益的。

三、现代信息技术改变了外语教学模式

1. 信息技术引发了外语教学模式一系列的革命性变化

(1)改变了传统的教学观。外语教学应该由向学生传授知识转变为发展学生的学习能力、主体性、个性、创造性和实践能力,使学生"学会认知,学会做事,学会共同生活和学会生存"。

(2)改变了传统的教师观。教师角色由原来处于中心地位的知识讲解员、传授者转变为学生学习的指导者,学生主动构建意义的帮助者、促进者。

(3)改变了传统的学生观。学生由被动接受者转变为主动参与者,学生成为知识的主人,而不是知识的奴隶。

（4）改变了传统的教学媒体观。教学媒体由原来作为教师讲解的辅助工具转变为帮助学生学习的认知工具，既作为感知的对象，又作为认知的手段。

（5）改变了传统的教学方法。教学方法应该由原来单纯的基于归纳或演绎的讲解转变为基于"合作学习""情景创设""主动探索""协作学习""会话商讨"和"意义构建"等多样新型教学方法的综合运用。

（6）改变了传统的教学目标。外语教学的目的是培养学生创造性地、有目的地使用语言的交际能力。外语作为一种交际工具要通过外语交际活动和有趣的课堂教学活动才能更好地为学生所掌握。教师要力求使教学过程交际化，使学生在课堂里学到的知识能在实际生活中运用。这不仅要求教材真实地接近生活，也要求教师在教学中创造性地利用教材进行交际性教学，具备运用外语组织教学的能力，尽量避免使用母语解析外语，这是对教师能力最起码的要求。教师还要善于营造一个使用外语的环境，鼓励学生善于运用外语进行学习和思考。

2. 多媒体网络教学给我们带来了一种全新的教学理念

利用多媒体网络教学软件可以使每一位学生看到教师电脑上的图像、情境，听到与情境相配的声音。教师可以有选择、有重点地讲解并演示。这样一来，书本中静止不动、无声抽象的描述变得生动形象、有声有色，教学中的难点、重点自然突出。

基于多媒体学习具有直观性、操作性和实践性的特点，如果讲解演示、上机练习、辅导等工作由多媒体网络来做，就可以提供丰富的感性材料，使学生对电脑的学习过程更加接近自然。如果只采用传统教育技术，尽管可以增强教学的直观性和操作性，但其效果远远不及多媒体网络教学中的教师边讲边演示、学生边练习边体会，并且适时地加上教师的辅助效果好。这种讲解、演示、练习、辅助相穿插的教学是一种全新的教学形式，体现了以教师为主导、以学生为主体的双主教学原则。

利用多媒体网络的屏幕广播、语音对话等功能，教师可以自如地讲解演示，学生则可以"趁热"在学生电脑上及时上机练习；教师利用监控功能可以掌握学生的练习情况，并可以"手把手"个别地指导学生学习，学生学习中的典型问题也可以传播给所有的学生观看。这样一来教学的多个环节有机地成为一体，可以极大地提高教师的教学质量和水平。

多媒体网络可以存储大量的信息资源，可以按不同的信息分类建立多媒体教学的素材库，也就是说，多媒体是一个电脑室、语音室、播放室、资料室、图书室等。教学时，教师只要坐在多媒体网络的教师用机前，就可以快捷地检索所需的信息，将多媒体教学素材展现在每台学生电脑上，学生也可以通过多媒体网络共享上述的所有教学内容。这种高效的教学手段和大信息量的教学方式，能极大地提高教学的效率和教学质量。

四、现代信息技术改变了外语教师的角色地位

从外语教学观看，外语教师由向学生传授知识转变为发展学生的学习能力、主体性、个性、创造性和实践能力。

从外语教师观看，外语教师角色由原来处于主动地位的知识讲解、传授者转变为学生学习的指导者，学生主动建构意义的帮助者、促进者和辅导员。在建构主义学习环境下，作为课程开发者的教师在对外语这一门课程的教学上，将不仅仅局限在确定这门课程应进行的时效、在和学生进行该课讨论时应采取什么样的启发诱导方式、这一门课程宜划分成几单元、应给学生布置什么样的任务等诸如此类的具体工作。教师更重要的是要根据社会发展的需求，不断更新教学内容，改变教学的组织形式和方法，确定新的课程体系。

建构主义学习理论特别强调协作学习，并将协作视为建构主义学习环境的四大要素之一。但这里的协作是一种新型的相互协作关系，它强调学生的参与，强调学生在教师的组织和引导下一起讨论和交流，共同地批判、考察各种理论观点、信仰和假说，对问题提出自己的看法、论据及有关材料，并对别人的观点做出分析和评论。师生通过网络交流、研讨，能促使学生在合作的学习环境中发展批判性思维和创造性思维的能力。除了师生间的协作学习外，教师之间通过网络通信也可进行超越时空界限的协作，打破以往封闭自锁，将自己与他人隔离开来从事研究的局限。如电子阅览系统利用现代教育信息技术所需要的学习资料和教学软件实现资源共享，并可以让学习者个别地进行复习和预习，师生之间还可以就某个学习项目开展一人或多人的讨论。

为了适应和促进学生的个别化学习，使每一个学习者都能获得适合他们各自特点的教学帮助，使每一个人的潜力都能得到最大限度地发挥，教师还将扮演学生的学术顾问的角色。作为学生学术顾问的教师将独自或与他人合作给学生以一定的宏观引导和帮助，如确定学生为完成学业所需学习的知识和技能，帮助学生选择一种适合其特点的、能有效完成学业的学习计划，指引学生进行学术研究，对学生的学习进展情况给予一定的检查、评价等，其最终的目的在于促进学生的有效学习。

因此，在现代教育信息技术下，教师的角色不再以信息的传播者、讲师或良好知

识体系的呈现者为主，而是从"教"变为"导"。概括地说表现在以下几个方面：(1)引导：帮助学生制定适当的学习目标，并协调和确认达到目标的最佳途径；(2)指导：指导学生形成良好的学习习惯，掌握学习策略和发展认知能力；(3)诱导：创设丰富的教学情境，激发学生的学习热情，培养学习兴趣，充分调动学生的学习积极性；(4)辅导：为学生提供各种便利，使他们能够很快在网络上找到需要的信息，并利用这些信息完成学习任务。同时利用新技术帮助学生解决学习中的困难，实现智力技能的迁移；(5)教导：教师应是学生学习、生活中的朋友和榜样，教导学生养成高尚的道德、完善的人格、健康的心理等符合时代精神的优秀的品质，具备区分信息的能力，抵制新技术带来的负面影响，避免信息作弊、授权等不良行为的发生。

第三节　信息技术支持下"以教为中心"的教学策略

一、信息技术对"教"的支持作用

在以教为中心的整合模式下，学生以接受学习为主，接受现成的知识成果，是一种替代性的教学策略。教学组织形式以课堂集体授课为主，以讲授法为主要方法，以传统教室或多媒体教室、网络教室为主要的教学环境，具体包括多媒体教室环境下和网络教室环境下两种应用方式。主要的教学策略是传递—接受，信息技术媒体作为演示、交流工具；主要的教学媒体为视觉媒体(幻灯片、实物投影)、听觉媒体、视听媒体、多媒体课件(文本、图像、声音、动画、视频)。

信息技术媒体的作用主要有以下几种：

(1)提高教学效率。教师课前通过认真备课，把课堂中要讲授的重要知识内容有计划、有重点、有条理地设计并制成板书式视觉材料，比如幻灯片。上课时，教师边演示边进行生动的讲解，引导学生理解和掌控教学内容，这样既节省了课堂板书、板图的时间，又提高了教学效率。

(2)提供感性材料。利用视觉、听觉、视听觉媒体或多媒体课件等能充分展示传统课堂里不能再现的事物、现象，生动的画面和优美的音乐刺激学生感官，让学生获得感性认识，形成表象。实物投影能将可见度小、变化过程看不清楚的实物经技术处理在投影器上投影出来，从而增加演示的可见度和观察范围。如磁铁性质的实物投影、磁力线的实物投影、水能溶解别的物质的实物投影以及一些化学实验现象的实物投影均可收到较好的演示效果。

（3）培养学生的观察力和比较力。教师利用投影媒体把要观察的现象直观地展现在学生面前，使学生能深入观察，从中获取知识，有助于培养学生的观察力和解决问题的能力。借助录音手段，为学生提供听觉对比资料，指导他们区分异同、辨别正误、找出原因。

（4）通过反馈进行技能培训。利用录音媒体，把学生回答的声音录下来，采取当场录放的方式分析学生回答不当的原因，使学生真实、迅速地获得反馈信息，及时进行自我检查，并加以改进。如在语言教学中，可以将学生模仿的发音录下来与规范的声音相比较，找出差距，及时改正。微格教学在培训师范生课堂教学技能上具有良好的效果。微格教学是利用摄像机和录像机等设备将每个学生在讲台上的教学过程记录下来，然后通过录像反馈和小组评价，使被培训者能较清楚地看到自己的问题和不足，从而取长补短，及时纠正存在的问题，并较快地掌握各种课堂教学技能的运作规律。

（5）进行示范教学。示范教学是指利用电视录像、录音媒体为学生提供典型的示范材料，指导学生进行教学实践。在实验教学中，我们可以利用电视录像媒体将实验原理、实验步骤、实验方法等形象、直观地再现于课堂，对学生进行实验前的指导教学。如实验前，学生通过观看实验演示录像，不仅目睹实验的全过程，还能通过不同角度拍摄的近景、特写等画面详细观察仪器设备的构造和细节，依照相应的解说和示范，准确高效地掌握实验操作步骤。同时，通过正误操作的比较吸取经验教训，避免类似的错误。另外，教师也可避免每次实验讲解的重复劳动，集中精力加强指导。所以，利用电视录像媒体可以优化教学，提高实验教学的质量和效率。

（6）创设情境，激发想象。用录音或录音与其他媒体相结合的方式，创设一定的情境，以增强教学效果，引导学生想象，进行美的熏陶，调动学生的学习积极性。

（7）扩大教育规模。对具有共性的教学活动，如公共课教学等，利用扩音、录音，可以扩大教学规模。如在校园内建立调频发射台或音频发射系统，学生通过收音机或音频接收机收听，可随时复习教学内容，加强听力训练。除此之外，还能通过网络课程、远程教学等，扩大受教育人群。

二、信息技术支持下的"教"的策略

基于课堂的"情境—探究"教学策略包括创设情境（思考讨论、形成创意）、实践探索、意义建构、自我评价等几个基本环节。

教师利用信息技术手段，根据教学要求和学生的认知发展水平，创设一定的教学情境，以引起学生对问题的思考。在充分思考的基础上，借助一定的学习资料，形成创新性问题解决的思路，并在实践中探索问题解决的具体方法，最终实现问题解决。在问题解决的过程中，学生对问题的理解和解决方法形成了自己的独特见解，达到了建构主义理论所要求的对知识学习的自我意义建构。最后一个环节是学生对问题的解决过程进行自我评价，发现不足与欠缺，以便在后续问题解决中改进与提高。

基于课堂的"情境—探究"教学策略的特点是教师指导、网络支持、学生参与。由于该教学策略兼具传统教学下师生面对面交流、信息反馈及时和信息技术环境下学生主体参与、学习方式灵活、学习资源丰富等待点，对于革新传统课堂教学，实现在课堂教学中以现代教育技术手段推动素质教育进程，培养学生的创新精神与实践能力具有非常重要的作用。同时，该教学策略将计算机技术与学科课程整合起来，有利于提高教学效果和培养新世纪需要的适应知识经济社会发展的新一代。

第四节　信息技术支持下"以学为中心"的教学策略

一、信息技术对自主学习的支持

自主学习是新课程提倡的学习方式，是指学生主动的、建构性的学习。自主学习是指学生在掌握知识的同时，主要培养学习能力。自主学习具有自主性、独立性、异步性等特点。

自主性：自主选择学习目标，自定步调，自我调控进度，自我评价。

独立性：这是相对于集体讲授方式来说，在学习活动的各个方面和环节上不依赖同伴，独立开展学习活动。

异步性：不同的学生在学习进程、目标、策略等方面存在不同步性。

信息技术对"学"的支持作用如下：

（1）作为资源环境、信息收集查询工具、信息加工工具。计算机多媒体技术和网络技术为学生提供了真正意义上的开放性学习环境，不受时间、空间的限制。学生在教师的指导下，通过运用各种信息搜索工具，获得相关的信息，然后加以分析、提炼、加工、综合得出自己的结论，再利用邮件或面对面地与同学进行讨论，最后把自己的结果发布到网上。上述整个过程的进行，十分有利于拓展学生个性发展的空间,提高学生自学能力,其中包括获取、识别信息资源的能力和独立解决问题的能力,从而激发学生的创造性思维,达到学会学习的目标。学生可以利用的多媒体网络资源主要包括以下几种:

①教材资源:指教师在上课前把学生需要的部分资料放在网络上供学生参考使用。

②远程资源:指教师在本地网络上建立提供各种互联网的链接,学生可以通过超链接直接找到需要的材料。

③泛资源:指学生通过互联网的各种搜索引擎服务,在网上收集资料。

(2)信息技术提供了多维、实时、开放的互动和交流。多媒体网络的多维交互,更加方便学生获取、选择、运用信息;多媒体网络的实时交互,有利于学生及时得到反馈信息,进行自我评价;多媒体网络的开放扩展特性,有利于学生进行创造性的学习;多媒体网络的仿真和虚拟现实,给学生提供了一个自主学习的全新环境。

(3)研发工具及协作工具。新课程对学生的研究精神和科学态度提出了一定的要求,通过互联网的网络信息和各种网络工具,对学生的研究性学习进行有力的支持。教师设计问题、学习任务、个体作业和协作作业,学生通过自主探究与协作,完成任务,解决问题。

二、信息技术支持下的自主学习教学策略

自主学习策略,是指能够体现学生"自主学习、自主发现"精神的教学策略。这种策略强调最大限度地体现学生主体地位,强调学生的意义建构。常见的自主学习策略主要有支架式教学策略、情境教学(抛锚式教学)策略等。

支架式教学被定义为:"支架式教学应当为学生建构对知识的理解提供一种概念框架。这种框架中的概念是为发展学生对问题的进一步理解所需要的,为此事先要把复杂的学习任务加以分解以便于把学生的理解逐步引向深入。"

支架式教学是通过提供一套恰当的概念框架来帮助学生理解知识、建构知识意义的教学模式,借助该框架学生能够独立探索并解决问题。支架式教学的基本环节分为以下五个方面:

(1)搭脚手架:围绕学习主题,建立概念框架。

(2)进入情境:引导学生进入一定的问题情境,并提供必要的解决问题的工具。

(3)独立探索:教师放手让学生自己决定探索问题的方向,探索过程中教师适

时提供必要的提示。

（4）协作学习：通过学生和学生与学生和教师之间的协商讨论，共享探索的成果，并在此基础上达到对知识比较全面、正确的理解，最终完成对所学知识的意义建构。

（5）效果评价：包括学生的自我表现评价和集体对个人的评价。评价内容有自主学习能力，对小组协作学习所做出的贡献，是否完成对所学知识的意义建构。

支架式教学的基本特征是重视社会交互作用和文化在知识理解和意义建构中的作用，认为学生认知能力的发展不仅仅是一个个体的过程，还是一个社会和文化的过程。

情境教学是指没有真实事件或真实问题的情境，学生在探索事件或解决问题的过程中自主地理解知识、建构意义。情境教学又称抛锚式教学，因为一旦这类事件或问题被确定了，整个教学内容和教学进程也就被确定了（就像轮船被锚固定一样）。在情境教学中，教师同样是事件的探索者或问题的解决者，并在共同建构意义的过程中给学生必要的帮助。有时也被称为"实例式教学"或"基于问题的教学"。

情境教学的组成环节有以下几个：

（1）创设情境：使学习能在和现实情况基本一致或相类似的情境中发生。

（2）确定问题：在上述情境下，选择出与当前学习主题密切相关的真实事件或问题作为学习的中心内容，让学生面临一个需要立即去解决的现实问题。选出的事件或问题就是"锚"。这一环节的作用就是"抛锚"。

（3）自主学习：不是由教师直接告诉学生应当如何去解决面临的问题，而是由教师向学生提供解决该问题的有关线索（如需要收集哪一类资料、从何处获取有关的信息资料以及现实中专家解决类似问题的探索过程等），由学生自己进行问题解决。

（4）协作学习：教师、学生共同讨论、交流，通过不同观点的交锋，补充、修正、加深每个学生对当前问题的理解。

（5）效果评价：由于情境教学要求学生解决面临的现实问题，学习过程就是解决问题的过程，即由该过程可以直接反映出学生的学习效果。因此对这种教学效果的评价往往不需要进行独立于教学过程的专门测验，只需在学习过程中随时观察并记录学生的表现即可。

情境教学的特征：学生中心，每个学生都是知识理解和意义建构的主体；情境中心,现实世界的情境是学生进行问题解决或意义建构的平台;问题中心,学生在教学中解决问题的过程亦即意义建构的过程,一个个真实的问题是学生思想汇集的中心和焦点。

三、信息技术支持下的协作学习教学策略

学生除了个别化的自主建构知识以外,还应该积极地与他人进行交流,丰富、完善自己的思维和想法。新课程特别强调学生之间的协作学习,与个别化学习相比较,协作学习有利于促进学生认知能力的发展,有利于学生健康情感的形成,是当今较流行的一种学习模式。

(一)协作学习的概念及其类型

协作学习是指多个学生对同一问题用不同观点进行观察比较、分析综合、交流看法、互相学习的教学策略。常见的协作学习策略有课堂讨论、角色扮演、竞争、协同、伙伴等。协作学习开展的教学环境主要是计算机环境和网络环境。协作学习往往和自主学习相结合,二者并没有严格的界限。

(二)基于校园网络环境下的"资源利用—主题探究—合作学习"模式

最常见的整合模式是基于校园网络环境下的"资源利用—主题探究—合作学习"模式,教学环境是校园网络环境。这一模式分为如下步骤:

第一,在教师指导下,组织学生进行社会调查,了解可供学习的主题。

第二,根据课程学习需要,选择并确定学习主题,并制订主题学习计划(包括确定目标、小组分工、计划进度)。

第三,组织合作学习小组。

第四,教师提供与学习主题相关的资源目录网址和资料收集方法及途径(包括社会资源、学校资源、网络资源的收集)。

第五,指导学生浏览相关网页和资源,并对所得信息进行去伪存真、选优除劣。

第六,根据需要组织有关协作学习活动(如竞争、辩论、设计、问题解决或角色扮演等)。

第七,形成作品,要求学生以所找到的资料为基础,做一个与主题相关的研究报告(形式可以是文本、电子文稿、网页等),并向全体同学展示。

第八,教师组织学生通过评价作品,形成观点意见,达到意义建构的目的。

参考文献

[1]王蔷.英语教师行动研究[M].北京:外语教学与研究出版社,2002.

[2]熊川武.反思性教学[M].上海:华东师范大学出版社,1999.

[3]李克东.教育技术学研究方法[M].北京:北京师范大学出版社,2003.

[4]王德华.网络环境下的教与学[M].上海:东南大学出版社,2003.

[5]孙杰远.信息技术与课程整合[M].北京:北京大学出版社,2002.

[6]何克抗.教学系统设计[M].北京:北京师范大学出版社,2002.

[7]闫寒冰.现代教育技术[M].北京:高等教育出版社,2001.

[8]安琦.外语教学中的教师自主与学生自主[M].北京:经济科学出版社,2011.

[9]王艳玲.教师教育课程论[M].上海:华东师范大学出版社,2011.

[10]陈坚林.计算机网络与外语课程的整合[M].上海:上海外语教育出版社,2010.

[11]刘向红.大学英语自主学习理论研究与实践[M].西安:西北工业大学出版社,2010.

[12]邹为诚.中国基础英语教师教育研究[M].上海:华东师范大学出版社,2009.

[13]戴炜栋.高校外语专业教育发展报告[M].上海:上海外语教育出版社,2008.

[14]庄智象.外语教育名家谈[M].上海:上海外语教育出版社,2008.

[15]束定芳.现代外语教学[M].上海:上海外语教育出版社,2008.

[16]徐锦芬,李斑斑.中国高校英语教师教学反思现状调查与研究[J].外语界,2012(04).

[17]胡新建,唐雄英.大学英语教师对教学研究的认知和理解———一项文化主位取向的调查研究[J].外语界.2012(04).

[18]杨超,徐凤.教学学术视野下的大学教师专业发展及其路径[J].现代教

育科学,2012(01).

[19]刘桂莲.教学学术:高校教师专业化的重要视角[J].教育研究与实验,2009(04).

[20]姚利民,康雯.大学研究性教学现状与原因分析[J].中国大学教学,2009(01).

[21]时伟.大学教学的学术性及其强化策略[J].高等教育研究,2007(05).

[22]孙玉凤,林大津,孙清玲.信息化时代外语学习者的多模态识读能力培养[J].福建师大福清分校学报,2020(03).

[23]肖芳英.多模态教学模式在大学英语精读教学中的运用窥探[J].校园英语,2019(49).

[24]孙宇.网络背景下的高职英语多模态教学探微[J].长江丛刊,2017(01).

[25]张艳红.多媒体语境下初中英语语法多模态教学模式的构建[J].文理导航(上旬),2017(05).

[26]宋鹤.多媒体技术在教学中的应用[J].吉林商业高等专科学校学报,2005(03).

[27]许洪亮,徐存善.信息技术与课程整合的方式分析[J].当代教育科学,2005(11).

[28]徐锦芬,李斑斑.中国高校英语教师教学反思现状调查与研究[J].外语界,2012(04).

[29]王俊菊.外语课堂环境下的教师学习研究[J].中国外语,2012(01).

[30]李斑斑,徐锦芬.中国高校英语教师反思量表构建[J].现代外语,2011(04).

[31]孟春国.高校外语教师反思教学观念与行为研究[J].外语界,2011(04).

[32]文秋芳,任庆梅.大学英语教师专业发展研究的趋势、特点、问题与对策——对我国 1999—2009 期刊文献的分析[J].中国外语,2010(04).

[33]郑志恋.探索型实践:高校英语教师研究新视角[J].外语界,2009(01).